内閣官房長官の裏金

機密費の扉をこじ開けた4183日の闘い

上脇 博之

日本機関紙出版センター

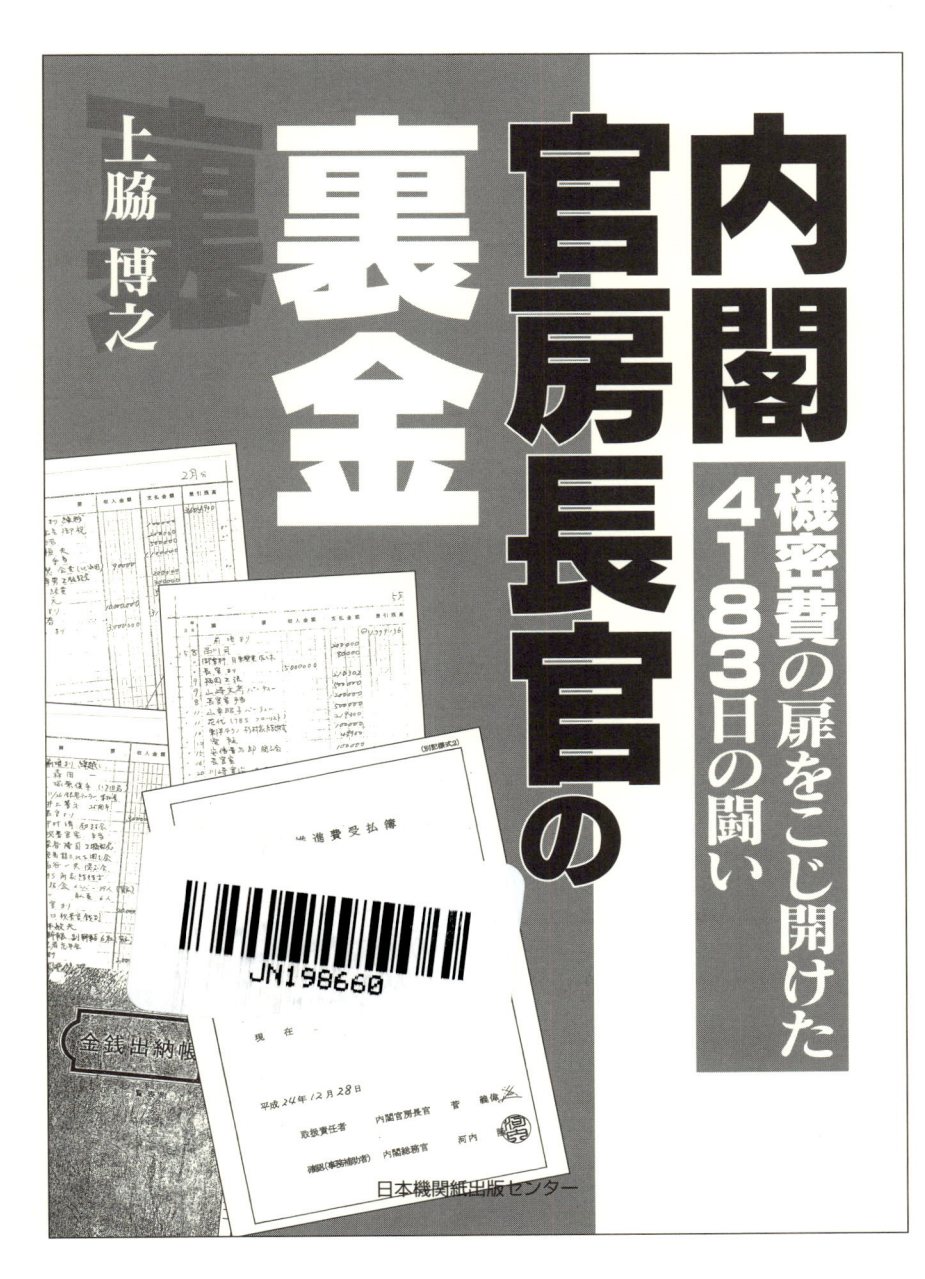

はじめに

「内閣官房報償費」をご存知でしょうか？

内閣官房長官がその目的を逸脱しない限り自由に使える公金です。現在では原則として毎月計1億円、年間約12億円が支出されています（以前は、本書で紹介するように、もっと多い時もありました）。公金ですから、その原資は税金です。

しかし、公金なのに国の会計検査院でさえ、その支払いの相手方を知らされず、領収書もチェックできません。形式的な書面審査をするだけなのです。主権者・納税者国民にも、その使途は一切非公開とされてきました。それゆえ、従来は「官房機密費」とも呼ばれたのです。

私は２００６年10月、内閣官房報償費について情報公開請求しました。その結果として、内閣官房長官がそれを請求し支払いを受けたこと等が記録された文書は公開されましたが、いつ、何のために、誰に対し、それを支出したのかがわかる文書（使途文書）は1枚も公開されませんでした。

私が共同代表をしている市民団体「政治資金オンブズマン」は、内閣官房報償費の使途の原則開示を求めて、三つの情報公開訴訟を提起しました。一つ目と三つ目は研究者の私が、二つ目は同じく共同代表で公認会計士の松山治幸さんが、それぞれ原告でした。いずれも弁護団長は、共同代表の阪口徳雄弁護士です。第1次訴訟で私は大阪地裁に原告としての陳述書を提出しました。

情報公開請求を行って初めて判明したこと、訴訟を提起して初めて判明したことがいくつかありました。それだけでも大きな収穫でした。

最高裁第二小法廷は、昨2017年12月22日に口頭弁論を開き、今年1月19日に私たち原告の一部勝訴という〝画期的判決〟を下しました。勝訴したのは一部ですが、それは重要な一部であり、開かずの扉をこじ開け、暗闇に大きな光を当て、国民の一定の監視を可能にする判決でした。

そして、初めて情報公開請求から数えて約11年5カ月（4183日）が経過した今年3月19日、内閣官房報償費の使途文書の一部について開示を受けました。情報公開と裁判を通じた闘争の、とても大きな成果でした。開示された使途文書を分析し、原告団・弁護団は、安倍晋三内閣の菅義偉官房長官に対し内閣官房報償費の抜本的見直し要求書を送付しました。

本書は、これまで使途不明の裏金・闇ガネになっている内閣官房報償費について、その使途文書の公開を求め、裏金・闇ガネにしない闘いとその成果についてまとめたものです。

第1章では、内閣官房報償費についての私の情報公開請求やその使途文書の開示を求めた訴訟提起の動機のほか、その情報公開や訴訟過程で明らかになったことを紹介します。第2章では内閣官房報償費の過去の使途実態について、第3章では訴訟における国の主張と私の陳述書での反論を、それぞれ紹介します。第4章では、第1次訴訟の地裁判決、第2次・第3次訴訟を含む裁判の経緯及び最高裁判決の内容を、第5章では最高裁判決後に開示された使途文書の分析結果と官房長官への抜本的見直し要求の内容を、それぞれ紹介します。

また情報公開請求で開示を受けた貴重な文書や、訴訟を提起して入手できた資料をあわせて掲載します。

もくじ

第1章　情報公開・提訴の動機と判明したこと

第1節　情報公開請求とその動機

◆私の研究テーマ

私は憲法研究者です。特に西ドイツ（現在のドイツ）と日本における政党に関する憲法問題を研究してきました。政党それ自体の憲法問題だけではなく、政党が活動する領域、政党政治に関する憲法問題を取り扱ってきましたので、人権論と統治機構論の両方を研究しています。その内容は「政党は憲法上どのような地位を有するのか」（政党とその他の結社とは憲法上異なる地位を有するのか）という憲法問題から、「政党法が日本国憲法上許容されるのか」という問題、「どのような選挙制度や政治資金制度が憲法上要請されるのか」という問題に至るまで、研究対象を徐々に拡大してきました。

これらの研究は、「議会制民主主義をいかに確立し、かつ健全なものにするのか」ということに帰着するもので、「政治とカネ」の問題は私のこの研究における重大な関心事の一つです。「単著の研究書」に限定して紹介すると、『政党国家論と憲法学』（信山社・1999年）、『政党助成法の憲法問題』（日本評論社・1999年）、『政党国家論と国民代表論の憲法問題』（日本評論社・2005年）があります。

◆内閣官房報償費についての関係文書を開示請求した動機

１９９９年に、情報公開法（行政機関の保有する情報の公開に関する法律）が制定されました（主要な条項は２００１年4月1日施行）。

２００１年には外務省職員の機密費詐取事件がマスコミで報じられ、それが「組織ぐるみ」の機密費流用および機密費の官邸への「上納」問題へと発展していきました。

同年2月には、竹下登内閣（１９８７年11月6日～１９８９年６月３日）の小渕恵三内閣官房長官から宇野宗佑内閣（１９８９年６月３日～同年８月10日）の塩川正十郎内閣官房長官への「引継ぎ文書」（いわゆる古川ペーパー）が国会で取り上げられました。これは、機密費が外務省から内閣官房に約15億円「上納」されたという疑惑を裏付けるものではないか、かつ、機密費が消費税の導入等のために「上納」額を5億円上乗せして投入されたのではないかと、国会で追及され、マスコミも注目しました(例えば､｢内閣官房　機密費文書　志位委員長の国会追及　テレビ朝日系　ニュース番組が検証」しんぶん赤旗、２００１年2月21日)。

また、その翌２００２年４月には、そのほぼ10年前の宮沢喜一内閣（１９９１年11月５日～１９９３年８月９日）で加藤紘一衆議院議員が官房長官を務めていた時期（１９９１年11月～１９９２年12月）の内閣官房報償費のごく一部（14カ月分で約1億４３８０万円）についての内部文書が国会で取り上げられ、報償費の使途としては相応しくない「国会対策費」等に支出されているのではないかと追及が行われ、マスコミもこれに注目し報じました（｢共産党がスッパ抜いた　官房機密費　デタラメ使途を全公開！」Ｗｅｂ現代、２００２年４月17日)。

私は、すでに2002年3月末には、市民団体「政治資金オンブズマン」の結成に加わり、政治家の「政治とカネ」問題を本格的に追及し始めていました。

2004年2月10日、情報公開審査会（当時）は、外務省報償費の全支出に関する全部不開示処分についての前年7月31日の諮問につき、その一部を開示すべきであるとする答申を行いました。そして、外務大臣は、それに基づき不開示決定の変更決定を行いました。つまり、国は外務省報償費の支出に関する行政文書について全部不開示ではなく、部分開示したのです。

2005年の年末に、私は3冊目の研究書（前掲の単著『政党国家論と国民代表論の憲法問題』）を出版し、研究成果の公表に一つの区切りができ、時間的な余裕が少し生まれました。

2006年2月28日、東京地裁が外務省の報償費の支出に関する行政文書不開示処分を取消す判決を下しました（判時1948号35頁・判タ1242号184頁）。

「自民党をぶっ壊す」と公言し、日本社会をぶっ壊した小泉純一郎内閣総理大臣は、同年9月に自民党総裁の任期満了を迎え、内閣総辞職となったため、退任しました。そして、小泉内閣で内閣官房長官を務め、小泉政治に加担した安倍晋三衆議院議員が内閣総理大臣に指名・任命されました。

そこで、自民党内でも反対のあった郵政民営化をはじめ「聖域なき構造改革」を強行した小泉内閣でも内閣官房報償費が目的外支出されたのではないかと危惧し、実際どのようなものに支出されたのかを知りたくなり、同年10月5日に、2005年4月～2006年9月まで過去1年半の内閣官房報償費についての行政文書の情報公開請求を行ったのです。

政治学における「政治とカネ」問題の研究では、「金権民主主義」という表現が使用されています（例えば、岩井奉信『「政治資金」の研究』日本経済新聞社・1990年・27頁以下)。〝カネで日本の民主主義が買われ、左右されている〟とすれば、憲法が想定している健全な議会制民主主義は成立しません。言い換えれば、日本の議会制民主主義がカネで買われないようにするためには、裏金を根絶し、かつ、そのためにもカネの流れをオープンにして主権者国民の監視の下におく必要があります。その原資が国民の血税であれば、尚更のことです。

内閣官房報償費がどのようなものに使われているのか(目的外支出がなされているのではないか)について、私は、大いに関心を抱いてきました。これまで、国会議員らがその使途について部分的に語っていますし、内部告発のようなものもあり、マスコミも報じてきました。また、このことを含め内閣官房報償費の使途の実態について紹介している書籍も刊行されています(例えば、歳川隆雄『機密費』集英社新書・2001年、古川利明『日本の裏金〔上〕首相官邸・外務省編』第三書館、2007年)。

私は、これらを通じて、内閣官房報償費の使途の実態の一部について調査・研究を行ってきました。さらに、この情報公開請求に対する開示を受けて、内閣官房報償費の使途実態について本格的に調査・研究を行い、それを議会制民主主義の健全な発展に役立てたいと考えていました。私が内閣官房報償費に関する行政文書の情報公開請求を行ったのは、このような問題意識からです。

◆内閣官房報償費に関する情報公開請求

第3次小泉改造内閣で内閣官房長官を務めていた安倍晋三氏が、2006年9月末、次の首相に就任しました。「政治資金オンブズマン」の共同代表である阪口徳雄弁護士と相談して、私は、その安倍内閣のとき（同年10月5日）に、安倍氏が官房長官をしていた時代を含む「2005年4月～2006年9月」の「内閣官房費の中の報償費」について「内閣総務官」に対し情報開示請求を郵便で行いました。

郵送から10日ほどして電話がかかってきて、文書の特定をするよう言われました。しかし、内閣官房報償費に関する行政文書には、どのようなものがあるか、私にはまったくわかりませんでしたから、どのように補正したらいいのか尋ねた上で、「内閣官房内閣総務官室情報公開窓口」に対し同年10月17日付で補正の文書を郵送しました。その際、具体的には、次のように明記しました。

1．内閣官房報償費にかかる支出計算書
2．内閣官房報償費にかかる支出計算書の証拠書類
3．内閣官房報償費にかかる具体的な使途のわかる支出関係書類
なお、上記1、2、3には、以下に例示するものが含まれているものと思われますので、漏れのないよう開示をお願い申し上げます。
（1）①金銭出納帳、②これを整理した月別の収入・支出表、③目的別の分類表
（2）分類としては、例えば、①会議費、②飲食費、③国会対策費、④交際費、⑤「パーティー」（政治家の「励ます会」「出版記念」「シンポジウム」など政治家への政治資金の支出）、⑥「長官室手当」「秘書官室手当」「同窓会費」「餞別」「香典」「背広」「商品券」「手土産」など私的費用への支出。

この補正における「なお書き」部分は、前述した加藤官房長官時代の内部文書（詳細は後述）を参考にしたものです。

第2節　情報公開と提訴で判明したこと

◆開示で明らかになったこと

この補正から1カ月後、「行政文書開示決定通知書」（２００６年11月20日付）で、「①内閣官房長官から会計課長への請求書、②①を受けて作成された支出負担行為即支出決定議決書、③①を受けて作成された支出計算書」が開示されました。

この開示された行政文書を見ると、ほぼ1カ月に５０００万円を2度（計１億円。例外あり）請求し支払いを受けていたこと等が判明しました。細田博之氏が官房長官時代には２００５年４月から同年10月までの７カ月間に８億円が請求され、安倍氏が官房長官時代には２００５年11月から２００６年９月までの11カ月間に10億９５７６万５０００円が請求されていました。つまり1年6カ月で19億円近い税金が請求されていたのです（**表1-1**の報償費一覧表を参照）。

◆使途に関する行政文書の全面不開示と提訴

一方、「具体的に使途のわかる支出関係書類」については、１枚の行政文書も開示されませんでした。

つまり、真っ黒に墨塗りされた文書さえ一切開示されなかったのです。

その理由は、「その具体的な使途に関する文書を明らかにすることは、事務の円滑かつ効果的な遂行に支障を及ぼすおそれ」がある（情報公開法第５条第６号）し、「他国等との信頼関係が損なわれるおそれ、他国等との交渉上不利益を被るおそれがあるもの」がある（同条第３号）ということでした。

しかし、それを理由に全面非開示するのは、納得できませんでしたので、私は、早速、電話しました。

表1-1　報償費一覧表

支払日	債　主	金　額（円）
2005年（平成17年）４月４日	内閣官房長官　細田博之	50,000,000
2005年（平成17年）４月４日	内閣官房長官　細田博之	50,000,000
2005年（平成17年）４月21日	内閣官房長官　細田博之	50,000,000
2005年（平成17年）４月21日	内閣官房長官　細田博之	50,000,000
2005年（平成17年）５月20日	内閣官房長官　細田博之	50,000,000
2005年（平成17年）５月20日	内閣官房長官　細田博之	50,000,000
2005年（平成17年）６月21日	内閣官房長官　細田博之	50,000,000
2005年（平成17年）６月21日	内閣官房長官　細田博之	50,000,000
2005年（平成17年）７月20日	内閣官房長官　細田博之	50,000,000
2005年（平成17年）７月20日	内閣官房長官　細田博之	50,000,000
2005年（平成17年）８月16日	内閣官房長官　細田博之	50,000,000
2005年（平成17年）８月16日	内閣官房長官　細田博之	50,000,000
2005年（平成17年）９月21日	内閣官房長官　細田博之	50,000,000
2005年（平成17年）９月21日	内閣官房長官　細田博之	50,000,000
2005年（平成17年）10月19日	内閣官房長官　細田博之	50,000,000
2005年（平成17年）10月19日	内閣官房長官　細田博之	50,000,000
	小合計	**800,000,000**
2005年（平成17年）11月17日	内閣官房長官　安倍晋三	50,000,000
2005年（平成17年）11月17日	内閣官房長官　安倍晋三	50,000,000
2005年（平成17年）12月16日	内閣官房長官　安倍晋三	50,000,000
2005年（平成17年）12月16日	内閣官房長官　安倍晋三	50,000,000
2006年（平成18年）１月19日	内閣官房長官　安倍晋三	50,000,000
2006年（平成18年）１月19日	内閣官房長官　安倍晋三	50,000,000
2006年（平成18年）２月16日	内閣官房長官　安倍晋三	50,000,000
2006年（平成18年）２月16日	内閣官房長官　安倍晋三	45,765,000
2006年（平成18年）４月５日	内閣官房長官　安倍晋三	50,000,000
2006年（平成18年）４月５日	内閣官房長官　安倍晋三	50,000,000
2006年（平成18年）４月20日	内閣官房長官　安倍晋三	50,000,000
2006年（平成18年）４月20日	内閣官房長官　安倍晋三	50,000,000
2006年（平成18年）５月19日	内閣官房長官　安倍晋三	50,000,000
2006年（平成18年）５月19日	内閣官房長官　安倍晋三	50,000,000
2006年（平成18年）６月８日	内閣官房長官　安倍晋三	50,000,000
2006年（平成18年）６月８日	内閣官房長官　安倍晋三	50,000,000
2006年（平成18年）７月13日	内閣官房長官　安倍晋三	50,000,000
2006年（平成18年）７月13日	内閣官房長官　安倍晋三	50,000,000
2006年（平成18年）８月９日	内閣官房長官　安倍晋三	50,000,000
2006年（平成18年）８月９日	内閣官房長官　安倍晋三	50,000,000
2006年（平成18年）９月19日	内閣官房長官　安倍晋三	50,000,000
2006年（平成18年）９月19日	内閣官房長官　安倍晋三	50,000,000
	小合計	**1,095,765,000**
	総合計	**1,895,765,000**

「内閣官房長官の氏名は公開できるでしょう」「日付は公開できるでしょう」と言って部分開示を求めましたが、聞き入れてもらえませんでした。「支出の行政文書は何枚あるのですか」と尋ねると、「それも機密です」と答えるのです。

私はあまりにも酷い運用であり、憲法の保障する「知る権利」を侵害するだけではなく、情報公開法にさえ違反すると判断し、2007年1月20日、安倍内閣総理大臣に審査請求を行いました（同

表1-2　第1次訴訟の経緯

2006年10月5日	2005年4月～2006年9月の内閣官房報償費について情報公開請求
10月17日	情報公開請求の補正を行う
11月20日	内閣官房長官から会計課長への請求書、支出負担行為即支出決定決議書、支出計算書は開示されたが、使途に関する行政文書は1枚も開示されず
2007年1月20日	安倍内閣総理大臣に審査請求
2月2日	安倍内閣総理大臣が情報公開・個人情報保護審査会に諮問
5月18日	大阪地裁に全部不開示処分の取り消しを求めて提訴
8月17日	情報公開・個人情報保護審査会が「開示相当」と答申
9月6日	安倍内閣総理大臣が審査請求を棄却
2009年10月9日	原告側は部分開示を否定する国の主張（「独立した一体的な情報」説）を批判した「準備書面（3）」を提出
2010年3月17日	原告側は安倍元内閣官房長官と古河貞二郎元官房副長官の証人尋問を請求
5月17日	被告側は千代幹也内閣総務官を証人尋問請求（後に原告側も申請）
8月13日	千代幹也内閣総務官を証人尋問。しかし証言拒絶を繰り返す
10月19日	原告側は「不当な証言拒絶に対する過料ないし監督官庁の承認申請」
10月22日	大阪地方裁判所は原告側の安倍氏および古川氏の証人尋問請求を却下
2011年1月19日	大阪地方裁判所は「当裁判所の見解」で、 監督官庁である内閣官房長官に対して証言拒絶部分について証言の承認を求める
2月28日	枝野官房長官は，1項目を除いて承認せず
5月2日	原告側は千代幹也氏に対する再尋問を求める意見書を提出し，私（原告本人）の尋問を請求
5月11日	裁判所は千代氏の再尋問については却下し，私（原告本人）の尋問を採用
6月28日	原告として「陳述書」を大阪地裁に提出
7月27日	原告本人として尋問を受ける
10月28日	結審。判決公判日時を5カ月先に指定
2012年3月23日	13時10分、大阪地裁第1007号法廷で判決

年2月2日、安倍総理は情報公開・個人情報保護審査会に諮問し、情報公開・個人情報保護審査会は同年8月17日「非開示相当」との答申を行い、安倍総理は同年9月6日、私の審査請求を棄却しました)。

それとは別に私は同年5月18日付で大阪地裁に非開示処分の取消しを求めて提訴したのです(第1次訴訟)。当初は訴訟代理人なし(本人訴訟)だったのですが、後に複数の訴訟代理人が付き、私の弁護団が結成されました(弁護団長は大阪の阪口徳雄弁護士)。

なお、文書の量が多いため細田元官房長官時代の分は後に取り下げ、安倍元官房長官時代に絞って訴訟しました。

また、2010年8月には、千代幹也内閣総務官の証人尋問が大阪地裁で行われました。その翌11年、私は原告として陳述書を提出し、また弁護団から尋問を受けました。大阪地裁の判決は、提訴から4年10カ月余り後の2012年3月23日でした。

情報公開請求から地裁判決までの経緯の概略は**表1-2**のとおりです(谷真介弁護士が作成)。

◆訴訟の過程でわかった内閣官房報償費の定義

訴訟を提起して訴訟の過程において判明したことがあります。その第一は内閣官房報償費の正式な定義です。

「内閣官房報償費」とは、「国の事務又は事業を円滑かつ効果的に遂行するため、当面の任務と状況に応じ、その都度の判断で最も適当と認められる方法により機動的に使用する経費であり、具体的な使途が特定されない段階で国の会計からの支出が完了し、その後は基本的な目的を逸脱しない限り、取扱責任者である内閣官房長官の判断で支払が行われるとともに、その使用は内閣官房長官という政治家による優れて政治的な判断の下で決定されるもの」です。

この定義は、一読してすぐに理解できるものではなく、わかりづらいかもしれませんが、その中で注目すべきことは、「具体的な使途が特定されない段階で国の会計からの支出が完了」と説明されていることです。つまり、内閣官房報償費は通常の公金とは異なるものであることがわかります。一般的な公金の場合は、具体的な使途が特定されて国の会計から支出されるからです。

しかしそれでも、「基本的な目的を逸脱しない限り、取扱責任者である内閣官房長官の判断で支払が行われる」と説明されているので、一般的な公金の場合と同じように、基本的な目的を逸脱して支出することは許されず、目的を逸脱した支出は違法または不適切な支出になるということもわかります。

◆目的類型が３つ

判明した第二は、内閣官房報償費には目的類型があり、それが三つあることです。内閣官房報償費の目的類型については、裁判官が釈明を求めたため、ようやく国が整理し、明らかにしました。その結果、内閣官房報償費には支出の目的別に「政策推進費」「調査情報対策費」「活動関係費」の三つの類型があることがわかりました（**資料1-1**も参照）。

①「政策推進費」とは「内閣官房長官が、政策を円滑かつ効率的に推進するために機動的に使用

資料1-1

内閣官房報償費の取扱いに関する基本方針

平成１４年4月１日

内閣官房長官決定

1　目的

本方針は、内閣官房長官が取扱責任者となっている内閣官房報償費（以下「報償費」という。）の取扱いに関して、その管理執行体制等を明確に定めることにより、報償費の持つ性格に留意しつつその透明性を可能な限り高め、厳正かつ効果的な執行を確保することを目的とする。

2　執行にあたっての基本

取扱責任者である内閣官房長官（以下「長官」という。）は、毎年度（長官が異動する場合にあっては、異動の都度）、報償費の目的類型を明らかにした上で、その執行にあたっての基本的な方針を定め、これに基づき自らの責任と判断により報償費の執行にあたるものとする。

なお、報償費の執行に関して会計検査院が必要として会計検査院長から特に申し入れがあった場合には、長官自らがその説明にあたるものとする。

3　事務補助者の指名等

報償費に係る出納管理事務等の実施事務については、内閣官房総務官室の職員のうちから長官が指名した者に補助させることができるものとする。この場合、補助事務ごとに複数の者を指名することとし、当該指名した者に行わせる事務補助の内容についても併せて指示するものとする。

4　取扱要領の策定

本方針に則した報償費の執行を行うため、別途、取扱要領を定め、報償費の支払に関する関係書類の記録、管理及び内部確認等を行うものとする。

表1-3 内閣官房報償費の目的類型、各出納管理者・内容・支出先

目的別	出納管理者	内　容	支出先
政策推進費	内閣官房長官	関係者の合意や協力を得るための対価	合意・協力者
		有益な情報を得るために支払われる対価	情報提供者
調査情報対策費	事務補助者	情報提供の対価	情報収集・協力依頼の相手方
		情報収集のための会合の経費	会合事業者（料亭、ホテル等）
活動関係費	事務補助者	交通費	交通事業者（タクシー、ハイヤー等）
		会合費	会合事業者（料亭、ホテル等）
		書籍類	書店
		活動経費	情報収集・協力依頼の相手方
		贈答品	事業者
		謝礼	情報収集・協力依頼の相手方
		慶弔費	慶弔の相手方
		支払関係（振込手数料）	銀行等の金融機関

するもの」であり、官房長官が「自ら出納管理を行い、直接相手方に渡す経費」。

これは、「非公式の交渉や協力依頼に際して関係者の合意や協力を得るための対価」、「有益な情報を得るために支払われる対価」です。公式の金銭出納帳はなく、領収書なしも可能とのことです。闇ガネになっていると表現しても過言ではありません。

②「調査情報対策費」とは「内閣官房長官が、政策を円滑かつ効率的に推進するための必要な情報を得る目的で使用するもの」であり、官房長官自らではなく「事務補助者をしてその出納管理に当たらせる経費」。

これは、「情報提供の対価」（支出先は情報収集・協力依頼の相手方）、「情報収集のための会合の経費」（支出先は会合事業者で、料亭、ホテル等）です。

③「活動関係費」とは「政策推進、情報収集等の活動を支援するために内閣官房長官が事務補助者をして出納管理に当たらせる経費」。

これは、「交通費」（支出先は交通事業者で、タクシー、ハイヤー等）、「会合費」（支出先は会合事業者で、料亭、ホテル等）、「書籍類」（支出先は書店）、「活動経費」（支出先は情報収集・協力依頼の相手方で、相手の経費のまとめ払い）、「贈答品」（支出先は事業者）、「謝礼」（支出先は情報収集・協力依頼の相手方）、「慶弔費」、「支払関係費」（支出先は銀行等の金融機関で、振込手数料）です（以上については**表1-3**も参照）。

◆使途文書は5つ

第三に、内閣官房報償費の支出に関する行政文書には「政策推進費受払簿」「報償費支払明細書」「出納管理簿」「支払決定書」「領収書等」の五つの文書があることもわかりました。

①「政策推進費受払簿」（**資料1-2**）とは、内閣官房長官が政策推進費として使用する額を区分するもので、都度作成されます（月に1〜2枚）。支払相手方は記載されません。

②「支払決定書」（**資料1-3**）とは、調査情報対策費、活動関係費の1件または複数の支払にかかる支払決定をするもので、都度作成され、支払相手方も記載されます（ただし、複数の支払をまとめている場合は代表的なものだけしか記載されません）。月に1枚ずつ作成され、調査情報対策費関係、活動関係費関係の場合がほとんどです。支払目的は上記三類型だけでなくもう少し具体的なものが

記載されているそうです。

③「出納管理簿」（**資料1-4**）とは、内閣官房報償費の支出を月ごとにまとめた上で当該年度ごとにおける支出全体を一覧できるようにしたもの（①②を一覧できるようにまとめたもの）。支払相手方も記載されますが、相手方の記載がある場合には内閣官房長官の判断で記載を省略することができることとなっています（ただし実際は省略されていないという）。支払目的は上記三類型だけでなくもう少し具体的なものが記載されているそうです。

④「報償費支払明細書」（**資料1-5**）とは、計算証明規則（第11条）に基づき、会計検査院に報告用に使途目的別に分類したもの（会計検査院にはこれを提出すれば領収書等を提出しないでよいとされています）。会計検査院提出用の2次資料で、提出した原本は会計検査院にあるそうです。支払相手方の記載はありませんし、支払目的も上記三類型しか記載されてはいません。

⑤「領収書等」とは、領収書、請求書、受領書で、政策推進費については領収書がない場合があるそうです。

◆提訴の収穫

以上、提起した訴訟の過程において判明したことをご紹介しました。弁護団の奮闘により、内閣官房報償費の定義、三つの目的類型の存在、五つの使途文書の存在とその内実（より詳細は後述）が判明しました。これらは提訴して初めてわかったことであり、提訴していなければわからないままだったのです。提訴による大きな収穫です。

資料1-2

政　策　推　進　費　受　払　簿

前　回　残　額　　　　　　　　円
前回から今回までの支払額　　　円
現　在　残　額　　　　　　　　円
今　回　繰　入　額　　　　　　円
現　在　額　計　　　　　　　　円

平成　年　月　日　　　取扱責任者　　　内閣官房長官　○○○○㊞
確　認　（事務補助者）　　　内閣総務官室　○○○○㊞

資料1-3

支　払　決　定　書

取扱責任者
内閣官房長官　○○○○㊞

平成　年　月　日

下記の金額の支払を要する。

金＿＿＿＿＿＿＿＿＿＿円也

（支払目的）目的類型別の区分を明示

（支払相手方等）

支 払 及び 確 認

平成　年　月　日
（事務補助者）内閣官房内閣総務官室　○○○○㊞

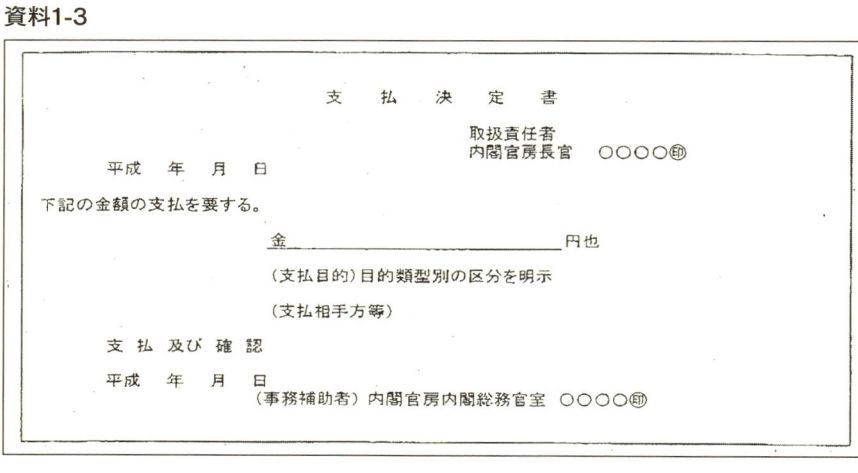

資料1-4

内閣官房報償費出納管理簿

年月日	摘要（使用目的等）	受領額	支払額	残額	支払相手方等
	（注）支払毎に記載する 月分計				（注）本欄は記載した場合、支障があると思われる場合は省略することができる 確認（官房長官㊞）
	月分計				
	累計				確認（官房長官㊞）

（注）年度末（平成　年3月31日）
　又は取扱責任者の異動があった時

立会者（事務補助者）　内閣総務官室　○○○○㊞

確認者　内閣総務官室　○○○○㊞

※「内閣官房報償費取扱要領」の2による内部確認

資料1-5

（報償費）支払明細書

取扱責任者　氏　名

平成　年　月　日

前月繰越額　円
本月受入額　円
本月支払額　円
翌月繰越額　円

支払年月日	支払金額	使用目的	取扱者名	備考
	円			
合　計		／	／	

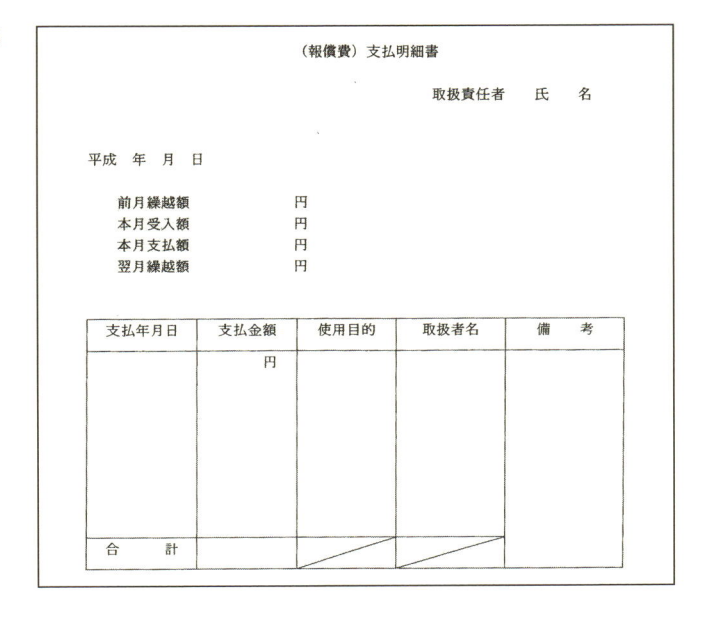

第2章　内閣官房報償費の過去の使途実態

第1節　使途実態の大まかな全体像

◆歳川隆雄『機密費』（集英社新書・2001年）からわかる全体像

2001年には外務省職員（松尾克俊元要人外国訪問支援室長）の機密費詐取事件（松尾氏の逮捕は2001年3月10日）が発覚し、それが「組織ぐるみ」の機密費流用および機密費の官邸への「上納」問題へと発展しました。これを機に、シャーナリストの歳川隆雄氏が『機密費』（集英社新書・2001年）を出版しています。

同書によると、内閣官房報償費は、次のような「対外裏工作資金」として使われていることが書かれていました（94～98頁）。

・1977年に起こった「ダッカ・ハイジャック事件」における日航機の乗客・乗員の身代金600万ドル

・1979年ごろのアフガニスタンの反ソ・ゲリラ組織に供与された武器購入資金数万ドル

・1996年に発生したペルー日本大使公邸人質事件や1999年に発生したキルギスでの日本人技師誘拐事件などに膨大な機密費投入

・領土返還問題での対ソ（対露）交渉、日朝正常化を巡る北朝鮮交渉、沖縄の普天間飛行場移転問題での対米交渉への機密費支出これらの「対外裏工作資金」以外に、次のような支出もなされたと書かれています。

・首相外遊における乱費（税金の無駄遣い・私物化、後記（ア））
・与野党の国会対策費（後記（イ）（ウ）（エ））
・「裏」の選挙対策費（税金の党派的違法支出、後記（オ）（カ）（キ））
・議員の外遊費（後記（ク））
・退任する日銀総裁らへの手当て（後記（ケ））
・国会議員への付け届け（後記（コ））
・政治評論家らへの付け届け（後記（サ））
・自民党の〝院外団〟的な性格の各種団体への付け届け（後記（シ））
・政府の諮問機関への手当てなど（後記（ス）（セ））

（ア）「大名旅行で機密費を乱費する首相外遊。」「首相の外遊」では、「『表』の直接経費は総理府（現内閣府）や各省庁の予算が充てられるが、現地での公式行事以外の飲み食い、土産代、随行団の旅費補填など『裏』の費用は官房機密費で賄われる」（１００～１０１頁）

（イ）「消費税導入に機密費10億円をブチ込む。」「88年度予算でみると官房機密費の約65％を内政・外交対策費が占めて」いる。「この『内政・外交対策費』という大雑把な呼び方が、意図的に実態を隠す言葉のすり替えであるのはいうまでもなく、永田町にもマスコミ界にも、それが政治権力を保持するための政界工作費であることを知らない者はもちろんいない。その政界工作費の筆頭格が国会対策費（国対費）、つまり与野党各勢力を懐柔し、あるいは一方を切り崩すための工作資金だ。時の政局の流れや政治問題のありようによって、これが臨機応変に投入されてきた。典型的なケースが竹下政権による『消費税』導入で、このときの機密費の豪勢な使われ方はいまも永田町の語り草になっている。」「消費税をめぐる与野党工作に竹下政権が計十数億円の官房機密費を投入したことは、『古川ペーパー』に明記されている。」「とにかく、公明・民社を主要なターゲットとして計十数億円もの官房機密費が多数派工作にブチ込まれたのだ」（104～105頁）

（ウ）「永田町で〝公認〟されている話では、重要法案をあげる国対費として官房機密費から支出されるのは一件当たり平均5千万円。野党側の姿勢や状況的タイミングによっては、投入額が数億円にもなるというのである。」（106頁）

（エ）「重要法案の審議で国会がヤマ場にくるような局面ではなくても、飲み食いのツケ回しはほとんど恒常的に官房機密費から支払われている。」たとえば「2000年秋の『加藤政局』や2001年春の『森下ろし』騒動のように政局が緊迫した場面では、政治家たちの料亭会合が同時多発的に開かれる。『そういうときには官邸へのツケ回しがどっと増えるし、勉強会と称する集まりなんかでも官邸にツケを回してくるのが少なくない』と自民党の古参議員がいう。どこからみてもこれは立派な〝たかり〟だが、こんなふうにして国民の税金が政界工作に闇ガネとして消えていくのだ。」（106～107頁）

（オ）「政界工作は、『裏』の選挙対策費としても大がかりに行われてきた。」「歴代の政権によって官房機密費が選挙対策に使われてきたことは、永田町ではいわば公然の秘密だ。」「選挙戦に突入すると、以外な苦戦に陥った候補者や資金が底をついた候補が出てくる。絶対に負けられない重点選挙区というのもある。官房機密費はこうしたケースで投入されるのだ。」「『ここで一発ブチ込めば圏内にすべり込めるというときは、官邸にＳＯＳを送れば3百万、5百万のカネを出してもらえる。重点選挙区となれば官邸から出るカネは億単位だ』と自民党のベテラン議員が言う。もっとも、官邸から選挙資金を引き出せるのは主に政権派閥候補で、少なくとも非主流派では難しい。」（１０７〜１０８頁）

（カ）「国政選挙でなくても、多額の官房機密費が選挙に使われる場合がある。近年でいえば、98年11月に行われた沖縄県知事選がその典型的なケースだ。」「大田陣営や現地マスコミの調査によると、知事選後に稲嶺陣営の選挙母体『沖縄・未来を開く県民の会』が県選管に提出した『収支報告書』には、自民党本部から2回に分けて計1億7千万円の寄付があったことが記載されている。98年10月5日に1億円、同10月27日に7千万円。ところが自民党本部の沖縄知事選に関する収支報告には、1億円を『県民の会』に支出したとされているだけで、7千万円については記載なし。大田陣営はこの7千万円を『官邸の機密費の流用』とみなして県議会などで追及した。」「『自民党沖縄県関係者の『官邸から知事選の資金が出たのは間違いない。私自身、選対の会議で報告を受けた』という証言などがマスコミで報道され、沖縄知事選への官房機密費投入は既定事実とみなされている。」（１０８〜１１０頁）

（キ）「沖縄関連では、『基地の町』の市長選でも官房機密費が投入されているといううわさが現地で絶えなかった。２０００年11月の那覇市長選と２００１年2月の浦添市長選でも億単位の資金が中央から注ぎ込まれたという指摘がある。」（１１０頁）

（ク）「国会が終わると与野党議員の『使節団』と称するものを組み、大挙して海外に出かけるのは例年のことで、最近では各種の国際会議などに参加する議員も増えている。こうした議員に官邸は餞別を出す。『ちょっと海外へ』と官邸に顔を出してあいさつすると、白い封筒に入った『軍資金』を渡してくれる。議員の格や外遊の内容によってランクがあり、与党議員だと新人でも一人最低30万円、中堅以上の議員なら百万円は堅いという。」（１１０～１１１頁）

（ケ）「官房長官経験者の一人によると、官房長官が『報償費』を直接手渡す特別なケースがあるという。対象となるのは、退任する日銀総裁、検事総長、会計検査院長らで、その人物の在任中の実績に対する官邸の評価で金額が決められるが、少なくとも百万円単位のカネがのし袋に入れて渡される。」（１１１頁）

（コ）「首相官邸からの盆暮れの手当・付け届けでいえば、国会関係のそれがやはり厚い。」「現自由党副幹事長の平野貞夫参院議員が『朝日新聞』のインタビューで、前尾繁三郎衆院議長秘書をしていた73年当時の体験をこんなふうに語っている。『7月と12月に盆暮れの付け届けをする習慣ができていた。（中略）官房長官の使いが議長の私邸に新聞紙に包んで紙の袋に入れた5百万円をもってきた。（中略）議運委員長に百万円、理事に50万円と配って歩いた』」。「共産党議員は受け取らず、『公明党は最初は背広の生地ぐらいしか受け取らなかった』（平野議員）という。が、公明党に限らず、スーツの靴の仕立券や一流靴店の仕立券が百

枚束で何束も用意されていたということだ。」（112頁）

（サ）「政界に近い対象範囲でいえば、政治評論家やメディア幹部、それに院内紙と総称される政治業界紙関係者への手当・付け届けも慣習化してきたものの一つだ。」「一件当たりが比較的少額の手当は官邸でも参事官レベルで処理されるが、もっと値の張る著名な政治評論家や有名マスコミ人への付け届けは政務担当首相秘書官が直接会った機会に渡すことが多い。」（112～113頁）

（シ）「官房機密費から支出される盆暮れの手当・付け届けで総額として最も大きいのは、政府が世論対策や選挙対策、あるいは情報源等として付き合っている各種団体へのそれだ。『そういう団体が大小6百ぐらいある』と元官房長官の一人がいう。主な団体としては、北方領土返還運動、遺族会・靖国神社、公共募金活動等の関係諸団体があり、総じて自民党の〝院外団〟的な性格のものが多い。手当の額も一団体10万円単位から百万円単位といわれ、トータルでは莫大な官房機密費が盆暮れごとに支払われていることになる。」（114頁）

（ス）「各種の審議会・調査会など政府の諮問機関も官房機密費の大きな支出先だ。これら諮問機関には各界の有力者が顔を並べているので、手当の規模も相当なものになる」（114頁）

（セ）「官房機密費は官邸の内部でも使われているのだ。次のような数字がある。総理室12万円、官房長官室10万円、政務副長官室4万円、参事官室6万円、会議係4万円、守衛12万円、報道室10万円、車庫10万円……。これは官邸の各セクションに割り当てられている『毎月の手当』である。」（114頁）

以上紹介されている使途には、違法または不適切なものが多く含まれています。

◆1989年作成「引継ぎ文書」（古川ペーパー）からわかる全体像

1989年5月に作成された第74代竹下登内閣の小渕恵三内閣官房長官から第75代宇野宗佑内閣の塩川正十郎内閣官房長官への引継ぎ文書は、1989年5月に作成された文書で、当時、首席内閣参事官だった古川貞二郎氏（第81代村山富市内閣の途中1995年2月24日〜第87代第1次小泉内閣第1次改造内閣の2003年9月22日まで内閣官房副長官）が作成したと筆跡鑑定でみなされており、古川ペーパーと呼ばれました。

これは、「報償費について」「報償費の推移（決算額）」と別紙A「報償費について」（平成元。5）、別紙B「報償費について」（平成元。5）で構成されています。それについては、前掲の古川利明『日本の裏金［上］首相官邸・外務省編』は、次のように記していました。

「テレビ朝日の『ニュースステーション』（01年2月19日放送）と日刊スポーツ（01年3月14日付け）が、このペーパーとは別に独自に古川の直筆の文書を入手し、専門家に鑑定してもらった結果を公表、いずれもかなりの高い確率で同一人物であると報じている。

『ニュースステーション』の方では、専門家の1人が『82%から95%の確率で同一人物が書いたもの』と結論づける一方、日刊スポーツの記事では、20年以上のキャリアを持ち、警視庁の嘱託筆跡鑑定士でもある日本筆跡診断士協会会長・森岡恒舟の鑑定結果を紹介している。

表2-1　1983年（昭和58年）度から1990年（平成2年）度までの報償費の推移（決算額）

年度	内閣分	外務省分	合計
1983年（昭和58年）度	11 億8000万円	14億7800万円	26億5800万円
1894年（昭和59年）度	11億8000万円	15億7800万円	26億5800万円
1985年（昭和60年）度	11億8000万円	15億7700万円	27億5700万円
1986年（昭和61年）度	11億8000万円	15億7700万円	27億5700万円
1987年（昭和62年）度	11億8000万円	15億7700万円	27億5700万円
1988年（昭和63年）度	12億7800万円	19億7700万円	32億5700万円
1989年（平成元年）度	12億9700万円	19億9700万円	32億9400万円
1990年（平成２年）度	11億8000万円	15億7700万円	27億5700万円

ただし、1990年度は「決算額」ではなく、実際には上記とは少し金額が異なっている可能性がある。

それによると、『な・の』、『格・略』、『貞・費』などの文字でみられる特有のクセを分析。『特に「な」の字は、三画目の点がないのが共通し、また、四番目となる書き出しが、かなり上から始まっている。どちらも珍しいクセで、同じようなクセを持っているのは数百人に１人しかいない。かな文字だけでも（比較対照した）二つの文字を書いたのが同一人物だということが決定的なのに、漢字の類似点も合わせると、同一人物が書いた文章であることは、ほぼ１００％間違いない』としている。」（70～71頁）

引継ぎ文書「報償費について」（古川ペーパー）においては、内閣官房報償費の「性格」「報償の額」「平成元年度分の使用状況」が説明されています（**資料2-1**）。特に「報償の額」の箇所においては、１９８３年度（昭和58年度）から１９８９年度（平成元年度）までの７年間の「報償費の推移（決算額）」が明記されており、「内閣分」と「外務省分」の報償費の年度別総額と両者の合計額が記載されていました（**表2-1**、**資料2-2**を参照）。

表2-2　1989年（平成元年）度分の使用状況

区分	予算額	備考
1. 経常経費	6億円	総理・長官等の諸経費、官邸会議費、慶弔、国公賓接遇費、総理・長官主催接宴費等
2. 官房長官扱	16億円	内政・外交対策費
3. 官房長官予備費	5億円	
4. 特別経費	5億2800万円	自民党外交対策費、夏季・年末経費、総理外遊経費、その他
合計	32億2800万円	

なお、4月末の使用済額と残額は省略した。

引継ぎ文書「別紙A」「別紙B」（古川ペーパー）によると、「1989年（平成元年）度分の使用状況」が以下のように簡潔に明記されており、「備考」に明記されているのが支出予定の支出実態を表しています。特に「自民党外交対策費」というのが明記されており、内閣のための報償費が特定の政党のために使用されていること、つまり公金が私的なもののために投入されていることがわかります（**表2-2**、**資料2-3**を参照）。

これに加えて、引継ぎ文書「報償費の推移（決算額）」（古川ペーパー）の中の「（留意点）」の箇所には、次のような記述がありました。

「昭和63年度分については、5億円（内閣分1億、外務省分4億）が増額されているが、これは、税制改正のための特別の扱いである。更に平成元年度についても、引き続き同様の額を計上しているが、これも新税制の円滑実施等の事情によるものであり、異例の扱いである。」

これは、上記「3．官房長官予備費」5億円の使途実態を表しているものです。税制の改正等をするときに異例の5億円が使用されているというのは、いわゆる国会対策（国対）のために公金が投入されていることを示唆しています。

これについて、前掲の古川利明『日本の裏金［上］首相官邸・外務省編』は、次のように記しています。

「ここにある『税制改正』とは、当時の大蔵省の悲願だった『大型間接税』、つまり、『消費税』の導入のことである。

具体的には、1988（昭和63）年7月19日に召集された臨時国会で、これら消費税導入の関連法案の審議が本格化したわけだが、そもそもこの『大型間接税導入』は、国民世論や野党の猛反発から、中曽根内閣時代には『売上税』として失敗したものを受けて、その中曽根康弘から後継指名を受けた竹下登が、その内閣の命運を賭けて取り組んだ最重要課題でもあった。

野党は無論、反対。与党の自民党内にすら賛成を渋る議員もいて、衆院の税制問題等調査特別委員会の委員長には、当時、自民党の最高実力者だった金丸信を充てるなど、政府・自民党は法案を是が非でも成立させるべく、万全の体制で臨んだ。

「政府・自民党が法案成立に向けて全力を投入したのが、野党勢力の分断だった。当時、『徹底抗戦の社会党、共産党』と『柔軟路線の公明、社民』といわれたように、二度にわたる会期延長をやったことと、法案の審議と採決自体には応じさせるため、中道よりの路線を取る公明、民社の両党を抱き込むことが、法案成立の最大の決め手になった。

こうした流れを踏まえて、『古川ペーパー』に記されているように、前年度より、『税制改正のための特別の扱い』のため、計約5億円も増額された機密費が、これの国対関連に投じられたのは、

② したがって報償費の使途としては、増額分の5億円は例年とは別扱いとする必要がある。

③ また平成2年度の予算要求にあたっては昭和62年度までの例にならうこととなる。

3 平成元年度分の使用状況

別紙のとおり。

A 増額分の5億円は官房長官予備費として、現時点ではまっさらとする。これだと5月の官房長官扱分は1600万円

B 5億円のうちの1億円は使用済みとする。これだと5月の官房長官扱分は11600万円

内閣 B-5 [illegible]

資料2-1

報償費について

1　性格

報償費は国が国の仕事を円滑に実施するため、その状況に応じ最も適当と考えられる方法により、機動的に使用される経費である。なお報償費は、沿革的には旧憲法下における機密費の系統に属するが、機密費が法律上会計検査の対象とならない経費であったのに対し、現行の報償費は、毎年、会計検査院の検査を受けている。

2　報償費の額

官房長官が取り扱う報償費は、予算上、内閣官房と外務省に計上されており、形式的には外務省計上分を内閣官房に支付する形をとっている。官房長官の取り扱う報償費の額は、次のとおり。

内　閣

資料2-2

報償費の推移（決算額）（百万円）

	内閣分	外務省分	合計
	百万円	百万円	百万円
昭和58年度	1,180	1,478	2,658
59〃	1,180	1,478	2,658
60〃	1,180	1,577	2,757
61〃	1,180	1,577	2,757
62〃	1,180	1,577	2,757
63〃	1,280	1,977	3,257
平成元年度（予算）	1,297	1,997	3,294※

※予算額のため決算額とは若干異なるが、基本的には同じ（一部補正削減あり）

（留意点）① 昭和63年度分については5億円（内閣分1億、外務省分4億）が増額されているが、これは税制改正のための特別の扱いである。更に平成元年度についても引き続き同様の額を計上しているが、これも新税制の円滑実施等の事情によるものであり、異例の扱いである。

内閣

資料2-3

（別紙B）　報償費について

平成元．5

1．性格

国が国の事務又は事業を円滑かつ効果的に遂行するため、当面の任務と状況に応じて、その都度の判断で最も適当と認められる方法により、機能的に使用する経費

2．予算額　　3,228　百万円

3．経費区分

（百万円）

区分	予算額	4月末の使用済額	残額	備考
1　経常経費	600	30	570	総理・長官等の諸経費、官邸会議費、慶弔、国公賓接遇費、総理・長官主催接宴費等
2　官房長官扱	1,600 @133 133×2= 266	4月分 150 （月割） （4・5月分）	1,450 5月分残 116	内政・外交対策費
3　官房長官予備費	500	※100	400	
4　特別経費	528	36	492	自民党外交対策費、夏季・年末経費、総理外遊経費、その他
合計	3,228	316	2,912	

※ 元.4.18　100百万円

ほぼ疑いの余地がない。

当時、衆院特別委の委員長だった金丸のもと、タガをはずされたような機密費が投入された。当時の国対族だった自民党の議員に対しては、『接待する野党議員のメンバーを割り当てられ、連夜に亘る飲ませ食わせ、もちろん渡すものも渡して』、官邸からは『飲み食いのツケはすべてこっちに回せ。帰りの車代は一本（＝百万円）』という指示が出ていた、という。」（66頁）

◆1991年11月～1992年12月の内閣官房報償費の支出からわかる使途実態

1991年11月～1992年12月の内閣官房報償費の一部（14カ月分で約1億4380万円）についての内部文書は、内閣官房長官から内閣官房報償費を受け取った者が作成したものと思われます。当時は、第78代宮沢喜一内閣であり、加藤紘一氏が官房長官を務めていました。

この内部文書は、KOKUYOのノート「金銭出納帳」、収入と支出が記された「収支整理表」5枚、支出を項目別ごとにまとめた「収支整理表」11枚で構成されており、第78代宮沢喜一内閣で加藤紘一氏が官房長官を務めていた時期（1991年11月～1992年12月）の内閣官房報償費の一部を記した内部文書といわれていました（**資料2-4-1～資料2-4-3**を参照）。

「金銭出納帳」は、内閣官房報償費の執行に関わった人物が実際の収入と支払について記したものです。「収入」については、月毎に当該人物が内閣官房長官から、いつ、いくら受け取ったのかを「年月日」「収入金額」の各欄に記載しており、「支払」については、当該人物が、いつ、誰（個人または団体）にどのような名目に、いくら支出したのかを「年月日」「摘要」「支払金額」の各欄に記載し

資料2-4-1

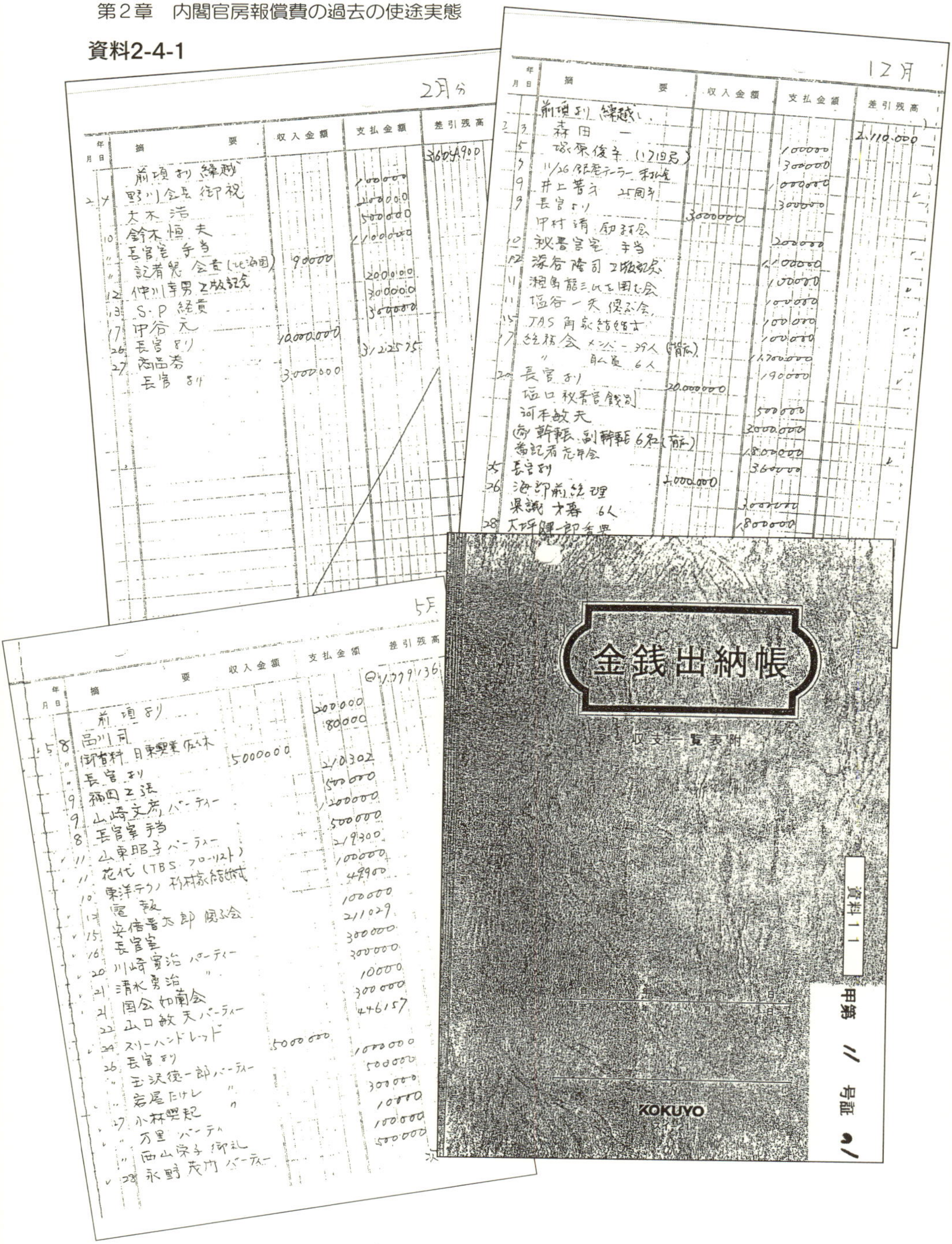

2月分

月	日	摘要	収入金額	支払金額	差引残高
		前項より繰越			36054900
2	4	野川会長 御祝		100000	
		太木浩		200000	
		鈴木恒夫		500000	
	10	長官室 手当		1100000	
	〃	記者懇 会費（北海道）	90000		
	〃	仲川幸男 出版記念		200000	
	12	S・P 経費		300000	
	13	中谷元		309000	
	17	長官より	10000000		
	26	商品券		3122575	
	27	長官より	3000000		

12月

月	日	摘要	収入金額	支払金額	差引残高
		前項より繰越し			
12	3	森田一			2110000
	5	塚原俊平（17回忌）		100000	
	7	11/26 銀座テーラー 未払金		300000	
	9	井上普方 25周年		1000000	
	9	長官より		300000	
		中村靖 励ます会	3000000		
	10	秘書官室 手当		200000	
	12	深谷隆司 出版記念		1100000	
	11	瀬島龍三氏を囲む会		100000	
	11	塩谷一夫 偲ぶ会		100000	
	15	TBS 角家結婚式		100000	
	17	総務会 メンバー 39人（背広）		100000	
		〃 　事務員 6人		1700000	
	20	長官より		190000	
		塩口秘書官餞別	20000000		
		河本敏夫		500000	
		党幹事長、副幹事長 6名（背広）		3000000	
		番記者忘年会		1800000	
	25	長官より		360000	
	26	海部前総理	2000000		
		県議 才暮 6人		3000000	
	28	大坪健一郎 香典		1800000	

5月

月	日	摘要	収入金額	支払金額	差引残高
		前項より		200000	21779136
5	8	品川司		80000	
	〃	御香料 日東興業 佐々木	5000000		
	〃	長官より		210302	
	9	福岡出張		500000	
	9	山崎文彦 パーティー		1200000	
	8	長官室手当		500000	
	11	山東昭子 パーティー		219300	
	11	花代（TBS フローリスト）		100000	
	10	東洋テクノ 杉村家結婚式		49900	
		電報		100000	
	13	安倍晋太郎 偲ぶ会		211029	
	15	長官室		300000	
	16	川崎寛治 パーティー		300000	
	20	清水勇治 〃		10000	
	21	国会如蘭会		300000	
	21	山口敏夫 パーティー		446157	
	22	スリーハンドレッド			
	24	長官より	5000000	1000000	
	26	玉沢徳一郎 パーティー		500000	
	〃	岩尾たけし 〃		300000	
	〃	小林興起 〃		10000	
	27	万里 パーティ		100000	
	〃	西山栄子 御礼		500000	
	〃	永野茂門 パーティー			
	28				

次

金銭出納帳

収支一覧表附

資料１１

甲第 11 号証 の1

KOKUYO

資料2-4-2

〈パーティー〉

励ます会
出版記念
シンポジーム

11/13	山本有二	10万	4/2	加藤卓二	30
	谷洋一	10	3	尾身幸次	50
14	武部勤	10	7	堀内久男	50
26	江田五月	50	〃	江沢民	20
28	ニューウェーブ	100	6	八代英太	20
	根木匠	10	14	安井吉典	10
	小野清子	10	16	[illegible]	[illegible]
29	永野茂人	10			
12/3	森田一	10			
9	井上普方	30			
	中村靖	20			
12	深谷隆司	10			
	瀬島龍三	10			
2/4	大木浩	20			
10	鈴木恒夫	50			
12	仲川幸男	20			
17	中谷元	30			
3/4	後藤茂	30			
〃	久世公堯	300			
19	和田静夫	20			
26	稲葉大和	10			
27	平野清	100			
30	中曽根康弘	30			

内

①

〈パーティー〉

6/10	武藤嘉文	30	11/19	中尾栄一	20
11	村上誠一郎	30	20	山本有二	20
〃	長尾立子	50	24	深谷隆司	20
24	原田義昭	20	26	穂積良行	20
25	岩見隆夫	10	12/1	桜井新	20
27	西田八郎	10	〃	佐藤敬一	20
29	中野寛成	50	10	中村靖	20
7/1	研牛会	10	21	二田孝治	100
9/28	川崎二郎	200			
29	成瀬守重	30			
10/1	佐藤孝行	50			
2	長野祐也	20			
5	杉浦正健	20			
7	野田実	20			
〃	光武あきら	20			
12	植竹繁雄	100			
15	寺沢芳男	5			
22	石渡清元	20			
23	矢野光晴	3			
27	片山虎之助	20			
11/5	亀井よしたか	5			
9	武部勤	30			
13	藤沢志光	5			3,028

875
2908

内閣

②

資料2-4-3

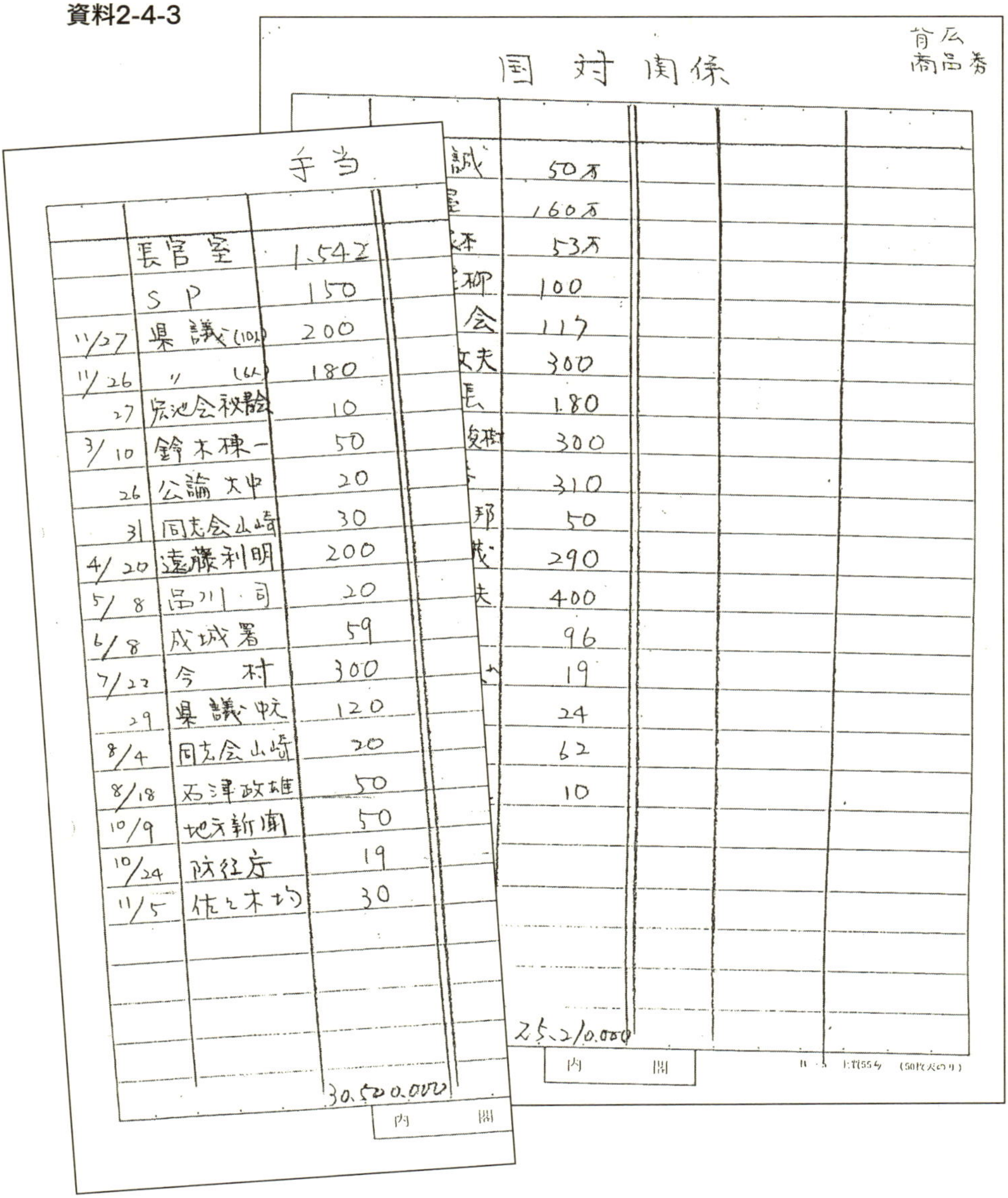

国対関係

前広
商品券

…誠	50万
…室	160万
…本	53万
…柳	100
…会	117
…政夫	300
…長	180
…樹	300
…	310
…邦	50
…哉	290
…夫	400
…	96
…	19
…	24
…	62
…	10
	25,210,000

内閣

手当

	長官室	1,542
	SP	150
11/27	県議(10人)	200
11/26	〃 (6人)	180
27	宏池会秘書	10
3/10	鈴木棟一	50
26	公論 大中	20
31	同志会山崎	30
4/20	遠藤利明	200
5/8	品川 司	20
6/8	成城署	59
7/22	今 村	300
29	県議 [illegible]	120
8/4	同志会山崎	20
8/18	石津政雄	50
10/9	地方新聞	50
10/24	防衛庁	19
11/5	佐々木均	30
		30,500,000

内閣

ているものです。なお、差引残高は各頁の末尾に収入額の合計額及び支払金額の合計額とともに記載されています。

「収支整理表」は、内閣官房報償費の執行に関わった人物が収入と支出を整理してまとめたものです。「収入」においては、内閣官房長官から受け取った日と金額を小計とともに記載したものであり、「支出」においては、その内訳を支出項目（パーティー、手当、国対、香典、餞別、経費、花、結婚式、御祝、見舞出張）毎に概算で記載したものです。「支払」においては、月毎の支払額が合計額とともに記載されているものであり、「収入の部」と「支出の部」においては、月毎に収入額と支出額が合計額とともに記載されています（**資料2-5**）。

「支出内訳明細表」は、内閣官房報償費の支出の明細がまとめられているものです。支出項目（前掲）毎に、年月、支出相手、支出額が個別具体的に記載されています。

前記資料に基づき内閣官房報償費の使途が判明しているのは、主に内閣官房長官から内閣官房報償費を受け取った人物が、1991年11月～1992年12月の期間の収支をまとめたものであり、その額は、合計で1億4386万円、月平均で約1200万円だけです。つまり、内閣官房報償費の一部にすぎません。

表2-3　1991年11月～1992年12月内閣官房報償費の一部の支出内訳

支出	内訳（概算）
パーティー	3028万円
手当	3050万円
国対	2521万円
香典	243万円
餞別	2043万円
経費	1298万円
花	113万円
結婚式	60万円
御祝	120万円
見舞・出張	103万円
小計	1億2579万円
その他	1807万円
合計	1億4386万円

その支出（支払）分の項目に合計額を表

資料2-5

No.

〈収入の部〉　〈支出の部〉

平成3年11月	11.000.000		平3年11月	8,890.000	
12月	25.000.000		12月	26,050,000	
平4年　1月	5.000.000		平成4年1月	2.455.100	
2	13.000.000		2月	5.822.575	
3	11.000.000		3	18,312.161	
4	10.000.000		4	15.439,300	
5	10.000.000		5	8,436,688	
6	10.000.000		6	6.664,964	
7	5.000.000		7	7.362.615	
8	5.000.000		8	3,728,807	
9	10.000.000		9	10,162,295	
10	7.700.000		10	8,299,247	
11	10.300.000		11	9,189,296	
12	10.000.000		12	13.051.530	
	（長官より）小計	143.000.000			
	その他				
2月4日	90.000	記者懇会費			
4月10日	100.000	社計研会費			
9月4日	150.000	8/29. 記者懇会費			
28日	500.000	9/26. 毎日新聞講演			
	小計	840.000			
合計	143.840.000		合計	143.864.578	▲24,578

コクヨ シヨ―115 (26X42)

資料2-6

No.
Date

収入		支出		
長官より	143,000,000		143,864,578	▲ 24,578
その他	840,000			
			内訳（概算）	
		パーティー	302,80,000	
		手当	30,500,000	
		国対	25,210,000	
		香典	2,430,000	
		餞別	20,430,000	
		経費	12,980,000	
		花	1,130,000	
		結婚式	600,000	
		御祝	1,200,000	
		見舞出張	1,030,000	
			小計 125,790,000	
		その他	18,074,578	
	143,840,000		143,864,578	▲ 24,578

にまとめると表2-3のようになります（資料2-6）。

以上のうち、例えば、パーティー（政治資金パーティ）や国対などへの支出は、目的外支出であり、違法または不適切な支出です。

◆週刊誌報道から見える使途実態

『週刊ポスト』（2010年5月28日号）は、「怒りの告発スクープPARTⅠ　なぜ大新聞&テレビは野中広務が暴露した『官房機密費』を追及できないのか」「怒りの告発スクープPARTⅡ　『実名リスト』で名指しされた言論人を連続直撃！」という記事を掲載しました。

この記事によると、フリーのジャーナリスト・上杉隆氏は、内閣官房報償費が配布された人物の氏名と金額が明記された「リスト」に基づき政治評論家・言論人やマスコミの政治部記者などに対し取材し、マスコミがなかなか野中元官房長官の証言を大きく報道しないのは内閣官房報償費が彼らに支出されているからである、と指摘しています。

1965年から園田直衆議院副議長の秘書をしていた平野貞夫・元参議院議員は、園田氏の使いで官房副長官室に行くと、竹下登・官房副長官が内閣官房報償費を月々300万円くれたので、新聞記者らに「酒や女」を世話したと言います。さらに平野氏は、自民党離党後も、羽田孜政権のとき、熊谷弘官房長官から内閣官房報償費を預かり、ある政治評論家に渡したと証言しています。

上杉氏は、元官邸関係者の「リスト」に関する証言を紹介し、内閣官房報償費が自民党の複数のルート（自民党の議員や秘書、自民党同志会、自民党職員、自民党幹事長室、自民党選対、自民党国対）

を通じてマスコミに配布されていた、というのです。

◆内閣総理大臣退陣の際の内閣官房報償費「山分け」

『週刊ポスト』（2010年6月11日号）は、「怒りの告発キャンペーン第3弾　官房機密費マスコミ汚染問題　歴代官邸秘書官を連続直撃！」という記事を掲載しています。

この記事によると、内閣総理大臣が退陣する際には、官邸に残された内閣官房報償費の「山分け」が最後の儀式として行われるとして、以下のような官邸秘書経験者の証言が紹介されています。

「基本は総理と官房長官で山分け。余った分はそれぞれの秘書官たちがお世話になった職員や官僚、評論家や記者らメディア関係者にも配って使い切る。引継ぎの時には金庫を空にするのが礼儀だった（笑い）」

この「山分け」は、内閣官房長官の自由な判断で行われるでしょうから、その「使用目的」は「政策推進費」として支出されたものとして処理されることでしょう。

第2節　主に「政策推進費」と思われる使途実態

◆野中広務元官房長官による証言

1998年7月から1年余り小渕内閣で官房長官を務めた野中広務氏は、2010年4月ごろから、テレビ、新聞、週刊誌で、内閣官房報償費の使途について一定程度話し始めました。

そのうち、「野中広務氏官房機密費、毎月5千万～7千万円使った」（朝日新聞、2010年4月30日21時42分）は、野中・元官房長官の証言を報じたものです。それによると、「前の官房長官から引き継いだノート」（引継ぎ帳）があり、それを参考に内閣官房報償費の支出がされていると説明されています。つまり、野中氏は、ご自身が官房長官在任中の内閣官房報償費の支出実態の一部を証言しているのですが、それは、その在任中だけのものではなく、自民党政権で脈々と受け継がれたものである、ということなのです。

当時の支出額は「毎月5千万円～7千万円くらい」であり、「総理の部屋に月1千万円。野党工作などのために自民党の国会対策委員長に月500万円、参議院幹事長にも月500万円程度を渡していた」ほか、「評論家や当時の野党議員にも配っていた」というのです。

野中氏は「機密費自体をなくした方がいい」と発言しています。つまり、内閣官房報償の支出実態は、元官房長官に、そう思わせるほど不適切な支出だった、ということになります。

◆TBS『NEWS23X（クロス）』（2010年4月19日と同月20日）の「シリーズ追跡：官房機密費の真実」

TBS『NEWS23X（クロス）』は、2010年4月19日と同月20日の2回にわたり、「シリーズ追跡：官房機密費の真実」を放送しましたが、その中で、野中広務元官房長官は、以下のように証言していました。

「国会対策に使うことが多かった。一つは、総理の部屋に月1000万円。それから、とにかく衆議院国会対策委員長、参議院幹事長室に（月）500（万円）ずつもっていかなきゃならなかった」

「僕も疑問を感じながら、慣例だからと思って（国対委員長に）持っていかせましたけれども。あの当時は野党工作がいるときですからね。われわれのときは」「国会対策委員長に渡した後の使い方は知らない」

「盆暮れの、あの、それぞれ総理を経験された方とか」「まあ顧問料のようなもんでね。せいぜい100万くらいですよ」「盆暮れ」

「『最近家を建てたから3000万円ほど祝いをくれ、というて』と電話がかかってきたんだけど、官房長官、どうしたらいいいと思う、と」「家の新築祝いに3000万円くれ」「何を言うんですかとそんな人は政治家も、何もかも去った人じゃないですかと。総理に親しいからといって、そんな安易な電話をかけてきて、そんなことに金を出したらおかしくて笑い者になりますよ、と。ここからは一切出ませんよ。総理あんたは人がいいから、自分の金からも出しなさんなよと言ったらね、〝分かった分かった〟と総理は言いましたけどもね。結果的にはね、1000万円やそこらは出したのではないかと思ってますよ」

「（政治）評論をしておられる方々に、盆暮れにお届けするというのは額までみんな書いてありました」「まあ、あいさつ程度のことですけども、盆暮れやってるのを見て、ああ、こんなことをせならんのかな、と。あんだけテレビで正義の先頭を切るようなことを言っている人が、こんなのを平気で受け取るのかなと思いましたね」

「与野党問わずに外遊をしたり、なにかするので、癖であそこに行ったらもらえるというのを知っている人がおりましたね。そういう人が来たことはあります。私は人を見て、お渡しする人と、しないで話のままで帰ってもらった人とがおりますし」「(外遊する議員に) せいぜい、50万か100万 (円)」

以上の証言によると、内閣官房報償費は、歴代の内閣総理大臣経験者に「顧問料」のような形で盆暮れに100万円ずつ (年間200万円)、その時々の内閣総理大臣に毎月1000万円 (年間1億2000万円)、国会対策費 (国会工作費) として衆議院国会対策委員長、参議院幹事長室に毎月500万円ずつ、政治評論家や外遊する国会議員にも渡していたということです。

また、定期的に支払われる固定費があり、野中氏によるとそれは総額で月5000万円に上っていたようです。それ以外に、その時々の判断で支出される金もあり、その額は「(月に) 一番よけいいったときで7000万 (円)」であったというのです。

これらは、支出目的としては、今でいう「政策推進費」に相当するものだと考えられます。

◆野中広務氏が官房長官時代に官房副長官を務めていた鈴木宗男衆院議員 (当時) の証言

鈴木宗男衆議院議員 (当時) は、野中広務氏が内閣官房長官時代に官房副長官を務めていた人物です。その鈴木氏が、『週刊ポスト』(2010年8月13日号) の「〈怒りの告発キャンペーン 第11弾〉権力中枢にいた『すべてを知る男』がメディアと官邸の腐った関係を暴露する」の記事において内閣官房報償費の使途について語っているのですが、その中には、フリーのジャーナリストの上杉隆氏との間で以下のようなやり取りが紹介されています。

（略）

鈴木　ただ、野中先生もちょっと勘違いしてる部分があると聞いています。

上杉　それは、配った金額にしても。

鈴木　配った金額とか、あるいは、機密費がいくらあったかっていう話なんかでも。

上杉　そうなんですか。勘違いっていうのはどのあたりなんですか。

鈴木　（野中氏は）月に機密費を5000万円使ったとかっていうふうにいっている。実は、事務方にお金を金庫に入れて補充させる。これが月に2回なんですよ。だから、7000万円が2回だと、月に1億4000万なんですよ、実際には、同じく、国会対策委員長に月に500万といっているが、これも実は1000万と聞いています。

上杉　ええ、ほんとは1000万だと、別の証言者からも聞きましたが。

（略）

以上の鈴木氏の証言によると、内閣官房長官が自由に使用できる内閣官房報償費（「政策推進費」に相当）は月2回補充されるので、野中氏の証言は1回分ですから、実際には野中証言の2倍の金額になるようです。

◆海部俊樹元内閣総理大臣の証言（海部俊樹「政治家・小沢一郎に生前葬を」文藝春秋、2011年3月号）

海部俊樹氏は、第66代三木武夫内閣の改造内閣（1976年9月15日～同年12月24日）において内閣官房長官を務めていました。海部氏は、そのほぼ12年余り後に、第76代・第77代内閣総理大臣（1989年8月10日～1991年11月5日）を務めました。当時の内閣官房長官は、山下徳夫氏（1989年8月10日～同年8月24日）、森山真弓氏（1989年8月25日～1990年2月28日）、坂本三十次氏（1990年2月28日～1991年11月5日）でした。

その海部元内閣総理大臣が内閣官房報償費の使途について証言しています（海部俊樹「政治家・小沢一郎に生前葬を」文藝春秋、2011年3月号）。

「カネを配るのは、総裁選という特別な機会だけではありません。三木内閣の官房副長官、そして自身が総理大臣に就任して総理官邸にいた際には、いわゆる官房機密費もありました。これは、原則として領収書のいらないカネです。何に使うかは、総理大臣の自由ですから、官房長官や官房副長官を使いにして各所へ配ったり、あるいは党から『資金が底をついた』と言って取りにくることもありました。そんなときは、『帰りに官房長官のとこへ寄って出してもらっていけ』と伝えるわけです。官房長官の部屋に金庫が置いてあって、私が総理の頃は常に2千万円ぐらいは入っていましたね。外遊に行く議員には、一袋ずつ渡しました。一袋は百万円です。なかには、『もう一袋くれ』と露骨に言う議員もいました。

ひどいものでは、野党への『寝起こし賃』などと呼ばれているカネもありました。国会を審議拒否、すなわち寝ている野党に、審議に応じて（起きて）もらうために、カネを渡すのです。挙句の果てには、『近ごろはお土産が悪い』などと嘯く古参議員もいました。私も何度か「賃渡し」を命じられたことがありますが、相手のメンツを立てるために会合の場所にカネの入った包みを忘れたふりをするなど、カネを渡すにも一芝居打つ必要がある。とにかく後味の悪い仕事でしたね。カネに色はありませんから、その原資は官房機密費だったり党のカネだったりする。いずれにせよ、国民に説明できない使途であったことだけは確かです。そういった前時代的なカネのやりとりはもうお終いにしてほしい、というのが私の願いです」

第3節 「調査情報対策費」の使途実態等

◆主に「調査情報対策費」と思われる1998年2月分「支払い明細書」から見える使途の実態

『週刊宝石』（1998年4月9日号、同年同月16日号）は、1998年2月分の内閣官房報償費の一部の「支払い明細書」と「支払い命令書」を入手し、報じています。当時は、第2次橋本龍太郎内閣（1996年11月7日～）の改造内閣（1997年9月11日～1998年7月30日）で、内閣官房長官は村岡兼造衆議院議員でした。

この報道によると、「支払い明細書」で明らかになるのは、主に、高級料亭・クラブなどへの支払いのようで、機密性の高い情報とは到底思えません。

これらは、現在の三つの支出目的のうち、主に「調査情報対策費」に相当するのではないかと思われます。

◆様々な証言や資料に基づく内閣官房報償費の支出目的毎の推定内訳

前述の『週刊宝石』（前掲）によると、1997年度の内閣分だけの内閣官房報償費の年間額は、約16億2000万円。これは月平均で約1億3500万円になります。

また、1998年2月の高級料亭・クラブなどへの支払い額は約1200万円ですが、多いときでは2000万円近くになるときもあったようで、月の平均は約1500万円ではないかと報じました。そうすると、年間約1億8000万円になります。これが主に「調査情報対策費」に相当するということは、すでに指摘しました。

現在の支出目的「活動関係費」に相当する支出については、当時どれくらいあったのか不明ですが、交通費や書籍代などですから「調査情報対策費」よりも少なかったのではないかと予想されますので、月平均1000万円（年間1億2000万円）だったのではないでしょうか。

そうすると、現在の支出目的「政策推進費」に相当する支出額は、内閣分で13億2000万円、月平均約1億1000万円あったのではないでしょうか（表2-4を参照。なお、『週刊宝石』の報じている「月平均1500万円」が「調査情報対策費」だけではなく「活動関係費」も含むのであれば、私が推定した「活動関係費」の金額分は「政策推進費」に回されることになる。以下同じ）。

表2-4　1997年度における内閣官房報償費の目的別支出額の推計

	調査情報対策費	活動関係費	政策推進費	合計額
年間	約1億8000万円	約1億2000万円	約13億2000万円	約16億2000万円
月平均	約1500万円	約1000万円	約1億1000万円	1億3500万円

野中広務氏は、1998年7月から1年余り小渕内閣で官房長官を務めた政治家ですが、「毎月5千万円～7千万円くらい」と証言しています。これは、今の支出目的「政策推進費」に相当する支出額のことと思われますが、これについて、前述したように、鈴木宗男氏は、その額が「1回分」ではないか、金庫には毎月2回補充されるから、その2倍になる旨証言しています。鈴木氏の証言に基づくと、「政策推進費」は「毎月1億円～1億4千万円」だったことになります。

この金額は、私が前述した金額にほぼ合致します。

◆2005年・2006年頃

2009年11月20日、平野博文内閣官房長官は、「内閣官房報償費の国庫からの支出状況」を発表していますが、それは、2004年以降の内閣官房報償費の国庫からの毎月の支出額及び年間総額を発表したものです（「内閣官房報償費について」および「内閣官房報償費の国庫からの支出状況」官房長官記者会見2009年11月20日午後）。

これによると、2005年度の内閣官房報償費の総額は約11億9533万円で、2006年度のそれは約12億2997万円でした。

仮に「調査情報対策費」と「活動関係費」が前述の金額のままであると仮定すると、「政策推進費」は年間9億円弱、月平均7500万円弱になります（表2-5の上の表

表2-5　2005年度・2006年度における内閣官房報償費の目的別支出額の推計　その1（上の表）・その2（下の表）

		調査情報対策費	活動関係費	政策推進費	合計額
2005年	年間	約1億8000万円	約1億2000万円	約8億9533万円	約11億9533万円
	月平均	約1500万円	約1000万円	約7461万円	9961万円
2006年	年間	約1億8000万円	約1億2000万円	9億2997万円	約12億2997万円
	月平均	約1500万円	約1000万円	約7750万円	1億0250万円

		調査情報対策費	活動関係費	政策推進費	合計額
2005年	年間	約1億3320万円	約8880万円	約9億7333万円	約11億9533万円
	月平均	約1110万円	約740万円	約8111万円	9961万円
2006年	年間	約1億3680万円	約9120万円	約10億0197万円	約12億2997万円
	月平均	約1140万円	約760万円	約8350万円	1億0250万円

（その1）を参照）。

仮に総額が16億2000万円から減額しているのに比例して三つの支出目的も決まっていると仮定すると、2005年度は74％、2006年度は76％になっているとの計算になります（表2-5の下の表（その2）を参照）。

◆内閣官房長官が交代した際の内閣官房報償費の引き継ぎ

前述したように、内閣官房長官が交代した際には内閣官房報償費の使途に関する「前の官房長官から引き継いだノート」（引継ぎ帳）が存在するということです。

TBS『NEWS23X（クロス）』は、2010年4月19日と同月20日の2回にわたり、「シリーズ追跡：官房機密費の真実」を放送しましたが、野中広務元官房長官は、その中でも次のように証言しました。

「（内閣官房の担当者から）『過去の実績が（ノートに）記録されておりますから、それを参考にしてやって頂いたら結構です』と言われた」「（引き継ぎ帳に）書いてあることをそのまま引き継いで」「これだけは従来から持っていってましたから、〝これはきちっと引き継いでやってくださいよ〟ということで引き継ぐわけですから」

前述の上杉隆氏が保有している「リスト」が作成された当時の官邸関係者の証言も紹介されています。

「これは官房機密費の配布先リストです。盆暮れの年2回、リストの相手に配っていた。メモは89年頃に作成されたもので、歴代の官房長官秘書官たちが全員者のメモを書き写し、またその時々で書き換えながら受け継いできたものです」

また、政治評論家の中村慶一郎氏の証言も紹介しています。

「私は75年から76年にかけて三木武夫内閣の首相秘書官を務め、00年から01年には森喜朗内閣の官房参与でした。政治評論家に官房機密費を配っていたのは事実です。リストのメモは秘書を辞める直前に見ました。自民党政権時代の悪習であり、恥部ですよ。……」

以上の証言からすると、自民党政権における内閣官房報償費の使途のあり方は、基本的に次期内閣に引き継がれてきた、といえるでしょう。

前述した古川利明『日本の裏金［上］首相官邸・外務省編』は、以下のように記し、内閣官房報償費が田中内閣で一気に増額されたと指摘しています。

「官房機密費が目立って増えたのは、田中内閣（１９７２年７月～74年11月）の時代である。それまでの佐藤内閣の時代の年間４億円台から、一挙に12億２千万円にまで跳ね上がっているが、これはおそらく、田中角栄の政治的判断だろう（田中は、カネに関しては結構、あけすけなところがあり、『握りガネ』の形でいろんな人間に気前よくポンポンと渡していたので、そういうキャラも影響していたと思われる）」（40頁）

前述した海部俊樹・元内閣総理大臣の次のような証言も、自民党時代においては、どの派閥が政権を主導しているのかに関係なく、内閣官房報償費が同じような使い方をされていることを示唆しています。

「カネのやりとりは、なにも田中派やその後の竹下派だけの専売特許ではありませんでした。自民党では、どこの派閥も多かれ少なかれ『政治』と『カネ』は切っても切れない関係にあるという認識で、私自身もその例外ではありませんでした。その都度、必要悪なのだと自分に言い聞かせてきましたが、多くのカネが自分の周囲を飛び交ってゆきました」（海部・前掲）

第3章　訴訟における国の主張と私の反論・意見

第1節　外務省報償費（機密費）の部分開示

◆外務省報償費（機密費）は部分開示されている

内閣官房報償費の使途の公開について私見を論述する前に、外務省報償費（機密費）の支出（使途）に関する行政文書についての裁判所の判断を紹介します。国が同文書を不開示処分したことにつき、東京地裁は、２００６年2月28日、それを取消す判決を下しました（行政文書不開示処分取消請求事件・平成13年（行ウ）第１５０号、判時１９４８号35頁・判タ１２４２号１８４頁）。つまり、東京地裁は、さらに開示度を高める（ほぼ全部開示）判決を下したのです。

開示度について違いがありますが、控訴審において東京高裁は、２００８年1月31日、「部分開示の当否」につき、次のような判断をして部分開示を認容しているのです（行政文書不開示処分取消請求控訴事件・平成18年（行コ）第99号）。

「本件各行政文書は、…複数の文書から構成され、作成名義も外務省職員のほか、請求書、領収書等の外部関係者によるものもあり、外形的事実等も事項ごとに有意性が認められるものであること、情報公開法は、不開示情報が記録されている場合を除き、行政機関に行政文書の開示を義務づけ、また、対象文書の一部に不開示情報が記録されている場合において、不開示情報が記録されている部分を容易に区分して除くことができるときは、当該部分を除いた部分に有意の情報が記録されていないと認められるときを除き、部分開示を義務づけている（5条、6条）ことからすると、本件各行政文書については、…開示すべき部分と不開示とすべき部分とがあることが認められる以上、この区分に従って、部分開示を認めることは相当であるというべきである」

そして、東京高裁は、「有償の情報収集等の事務の会合、非公式の二国間の外交交渉等の事務の会合及び国際会議等における非公式の多国間交渉の事務の会合の経費に係る文書」を、「情報収集や交渉の相手方と直接接触した会合の経費に係る文書」（直接接触に係る文書）と「情報収集等又は二国間、多国間の交渉そのものではなく、その交渉の準備あるいはその交渉結果を踏まえた対応の検討のための会合の経費に係る文書」（間接接触に係る文書）に分けています。前者は、外交官が本庁や在外公館で情報収集や外交活動を行うため相手方と直接接触した会合の支出関係文書で、後者は、外公館を訪問した国会議員や邦人との会合の支出関係文書です。

そのうえで、東京高裁は、「直接接触に係る文書」（895件）については、支出決裁文書のうちの支払日と支出額の開示を命じ、また、「間接接触に係る文書」（58件）については、支出決裁文書のうちの会合・会食の目的、在外公館側・客側の出席者、開催日、支払日、金額等の開示を命じる等の判決を下しているのです。

上告審の最高裁は、2009年2月17日、情報公開市民センターと外務大臣双方の申立を棄却する決定をしました（参照、情報公開市民センター代表・高橋利明「外務省報償費訴訟の結果について　―確定判決の内容と訴訟の成果―」2009年3月3日、http://www.jkcc.gr.jp/）。したがって、控訴審の東京高裁における「部分開示」判決が確定したのです。

控訴審の東京高裁判決における部分開示の判断において重要なことは、「開示請求の対象とされた複数の文書中に不開示情報を含んでいるものとそうでないものとが混在しているとき」、「両者を特定して区分する責任」は、国民にあるのではなく「処分庁にある」ということです。

このような判断を下しているのは、行政が不開示にすべき理由であると主張している場合、そのことについての立証責任が行政の側にあるというのが最高裁判例（大阪府水道部懇談会議費情報公開請求訴訟最高裁判決・最高裁判所第3小法廷1994年2月8日判決、民集48巻2号255頁）だからです。

◆外務省はさらに実質的な開示度を高めた

前述の確定した東京高裁判決が命じた開示度よりも、外務省は、開示度を実質的に高める運用をしていることにも注目しなければなりません。

外務大臣は、2002年度からは、前年度までは「報償費」から支出されていた「庁費」の中の「要人外国訪問関係費」から支出されているものにつき、従前全面不開示としてきた「直接接触」でも「間接接触」でも、支出決裁文書や支出証拠書類を開示するようになってきた、といわれています。

たとえば、情報公開市民センターは「川口外務大臣とリンゼー大統領補佐官との会合・会食についての現金出納簿を開示している。そして、国会議員に対する在外公館での会食の領収書を含む支出関係証拠もすべて開示されるようになった」（同センター「外務省の機密費公開請求訴訟は最高裁へ」2008年8月、http://www.jkcc.gr.jp/）としています。

◆内閣官房報償費の開示は外務省報償費の開示以上に

外務省報償費の支出に関する行政文書は、一般に、内閣官房報償費のそれよりも、機密性が高いと思われますが、それでも、全部不開示されておらず、部分開示が認容されているのですから、内閣官房報償費の支出に関する行政文書は、それと同様、否、それ以上に開示されるべきです。

また、前述した元官房長官の野中広務氏でさえ、次のように述べ、内閣官房報償費の支出に関する行政文書の部分公開を主張しています。

「やはり外交的にはある程度公開できないものもあるのではないかと思います。ただ、その他のものについては公開していく、そういうやり方を透明化していくやり方がいいと思いますね」「ある程度明確にして、不透明な、あるいは私的な官邸機密費の使い方ができないような状況を、きちっと仕組み的にしておくべきだなあ、と思いますね」

つまり、外交上開示すれば重大な支障が生じる情報もあるでしょうが、それ以外は開示して透明化すべきであり、それを通じて内閣官房報償費の不当な支出がなされないような仕組みに改めるべきであるというのが、元官房長官であった野中氏の助言なのです。

外務省報償費の支出に関する文書について判例が部分開示を認容したということは、情報公開法は、国民らには部分開示請求権を保障していることになります。

したがって、部分開示できるにもかかわらず部分開示しないのは、違法であるだけではなく、国民らの部分開示請求権を保障しないことになり、権利侵害になるのです。

第2節　総論としての国の主張とそれに対する私の反論

◆開示請求対象文書と全部開示・部分開示

全部公開にするのか、部分公開にするのか、どの情報を不開示情報にするのかを判断する際に留意する必要があるのは、第一に、国務大臣、国会議員、一般公務員らの氏名は、支出の相手方であったとしても開示すべきである、ということです。住民の「知る権利」を保障し国よりも早くから情報公開条例に基づいて情報公開制度を備えてきた地方自治体では、交際費・食糧費等の使途につき、相手方が公務員の場合、その氏名や役職は開示されてきました。

第二に、「情報収集」名目であれば当然に機密として不開示情報になるとは限らない、ということです。前述の歳川氏の著書は、会計検査院の検査も領収書による使途の確認もなされていないため、次のように指摘してます。

「『情報収集』を名目にすれば領収書なしで会計検査を通るのだから、機密費を使う場合それを悪用するのは簡単だ」「このようにして政府機密費は外部の干渉をいっさい拒否した聖域として保たれ、国民の目から完全に隠された事実上のブラックボックスとなってきたのである」「複数の外務省関係者の話によれば、同省幹部らの飲食つきの会合や予算要求時に大蔵（現財務省）官僚を接待する『官官接待』などにも機密費が使われたが、そのような場合も『情報収集』を名目にすることが多かったという。具体的には、機密費の支出手続き書類に外国の在日大使館員名簿から適当に名前を選び、『A国大使館B氏と会合』などと記入、その目的を『情報収集』とするのだ。これで領収書なしで機密費が使える」（63～64頁）。

税金である内閣官房報償費の使途を全部不開示にして主権者・納税者である国民にとって事実上のブラックボックスにしてしまえば、内閣官房報償費が裏金として使われる途を残すことになります。そうなると、主権者・納税者の不信感はますます増幅することになります。

ですから、裁判所としては、そのような運用を認めるべきではありません。現行の情報公開法の規定どおり、各行政文書に明記されている情報の内容に応じて、全部開示か、部分開示かのいずれかとする判決を下すべきです。

◆情報公開法の「不開示情報」の判断の際に留意されるべきこと

いわゆる情報公開法は、部分開示を定めています（第6条）。その際、重要になるのが、開示すべき情報と不開示すべき情報の判断基準です。

同法は、「行政機関の長は、開示請求があったときは、開示請求に係る行政文書に次の各号に掲げる情報（以下「不開示情報」）のいずれかが記録されている場合を除き、開示請求者に対し、当該行政文書を開示しなければならない」と定めています（第5条）。

そして不開示情報として、いわゆる、個人情報（第1号）、法人情報（第2号）、国の安全・外交情報（第3号）、公共の安全情報（第4号）、行政の意思形成過程情報（第5号）、行政執行情報（第6号）を挙げています。

ただし、不開示情報に該当するか否かを判断する際に十分留意しなければならないことがいくつかありますが、内閣官房報償費の情報公開に関係することのみ指摘します。

その第一は、個人情報（第1号）についてです。「公務員等の職及び当該職務遂行の内容に係る部分」は不開示情報から除外されています。つまり、個人情報であっても「公務員等の職及び当該職務遂行の内容に係る部分」は開示しなければならない情報なのです。

第二に、行政執行情報（第6号）においては、「公にすることにより、……当該事務又は事業の性質上、当該事務又は事業の適正な遂行に支障を及ぼすおそれがあるもの」としており、したがって、単に「事務又は事業の遂行に支障を及ぼすおそれがあるもの」としていないことです。言い換えれば、「適正」ではない「事務又は事業の遂行に支障を及ぼすおそれがあるもの」については、不開示情報ではないのです。憲法研究者の松井茂記教授は次のように指摘しています。

「不開示とされているのは、これらの情報のうち『当該事務・事業の性質上その適正な遂行に支障を及ぼすおそれがあるもの』である。支障が生じることが問題なのは、『適正な』遂行である。それゆえ、適正でない行政執行に支障が生じても、何ら非開示とすべき理由にはならない」（松井茂記『情報公開法〔第2版〕』有斐閣・2003年278頁）

また、そこでいう「支障を及ぼすおそれ」についてですが、「支障」とは実質的なものでなければならず、かつ、「おそれ」の程度も法的保護に値する程度の蓋然性が要求されるということです。松井茂記教授は次のように指摘しています。

「『支障』の程度は名目的なものでは足りず実質的なものが要求され、『おそれ』の程度も単なる確率的な可能性ではなく法的保護に値する蓋然性が当然に要求されることになる」（松井・同書278

頁。279頁も同じ。)

以上のことを踏まえて、内閣官房報償費の支出に関する個々の行政文書について不開示情報になるかどうかについての私見を述べます。ただし、相手方が国会議員など公務員である場合については、最後に述べることにし、以下では、支出の相手方が民間人あるいは外国人である場合を前提にして、私見を述べます。

◆国の総論的主張

内閣官房報償費は、すでに紹介したように、その使途に応じて「政策推進費」「調査情報対策費」「活動関係費」の三つの目的類型があり、内閣官房報償費の支出(使途)に関する行政文書は、「出納管理簿」「報償費支払明細書」「領収書等」「政策推進費受払簿」「支払決定書」の五つがあります。

国の説明によると、「出納管理簿」「報償費支払明細書」「領収書等」は「政策推進費」「調査情報対策費」「活動関係費」の三つ全てに関わる文書で(ただし「政策推進費」は領収書なしの場合がある)、「政策推進費受払簿」は「政策推進費」に関わる文書で、「支払決定書」は「調査情報対策費」「活動関係費」の二つに関わる文書です(表3-1を参照。内閣官房内閣総務官千代幹也「陳述書」(2010年7月26日。以下、千代「陳述書」という)。

千代「陳述書」は次のように述べ、内閣官房報償費の使途文書を全部不開示にすることを主張しました(なお、「…」は省略を意味し、[ ]は上脇による)。

・「内閣官房長官から内閣府大臣官房会計課長宛の請求書…など、内閣官房報償費が国庫から内閣

表3-1　内閣官房報償費の使途文書名と報償費目的類型の関係

	政策推進費	調査情報対策費	活動関係費
出納管理簿	○	○	○
報償費支払明細書	○	○	○
領収書等	△	○	○
政策推進費受払簿	○		
支払決定書		○	○

官房長官に支出されるまでに作成される文書…は、具体的な使途との関連性が少ないため、平成15年11月以降、公開することといたしました」

・しかし、「内閣官房報償費という国の経費は高度な機密性を要する非常に特殊な費用です。内閣総務官としてその事務を掌理している私としては、その内容を明らかにすることに大きな限界があり、内容が公開された場合には計り知れない支障が生じると強く感じているところです」

・「その［内閣官房報償費の］具体的な使途が明らかになると、…国益が大きく損なわれることになってしまいます」

・「内閣官房報償費については、請求書に記載された請求日や請求額を公開しただけで、そのときの内閣の重要政策課題や政治経済情勢と関連付ける等の方法で、具体的な使途を推測し、憶測を述べる記事が新聞、雑誌等に掲載され、世間の注目を集める結果になる…」「仮に内閣官房報償費の具体的使途に関わる文書が一部でも開示された場合には、その使途と内政・外政上の重要案件との関係について、事実とかかわりなく様々な推測・憶測が大々的に報道されるなどして、被告が主張している様々な支障が現実のものとなり、収拾がつかない状態に陥ることは明らかです」

◆国の総論的主張の確認とそれに対する反論

国の立場は、第一に、内閣官房長官が国の会計担当者に請求した文書（請求書等）の「内閣官房報償費の具体的な使途との関連性が少ない文書」を公開しているのですから、当該文書を公開しても、国益を大きく損なうことも、計り知れない支障が生じることもない、と判断しているということです。これについて私には異論はありません。

国の第二の主張は、内閣官房報償費の具体的使途に関わる文書の一部（部分）開示でもマスコミが推測・憶測を大々的に報じるから、全部不開示にすべきである、というものです。しかし、国は、「内閣官房報償費の具体的な使途との関連性が少ない文書」である請求書等を公開してマスコミが報じているのは、実際の使途ではなく、その推測・憶測にすぎないことを認めています。

マスコミによる推測・憶測がなされることで、国益を大きく損ない、計り知れない支障が生じるのであれば、請求書等も開示しないはずですが、実際には、そのような運用はなされていません。マスコミによる推測は常に真実を言い当てているものであるとは限らないからでしょう。ということは、内閣官房報償費の支出に関する文書を全部開示または一部（部分）開示しても、そこからの推測が、請求書等を開示して行われる程度の推測と本質的に異なるものでないのであれば、開示しても国益を大きく損なうことも、計り知れない支障が生じることもない、ということになります。

◆国の主張する「領収書等」に共通する3つの支障とそれに対する反論

千代「陳述書」は、「政策推進費の領収書等」を全部公開すれば三つの支障が生じ、「調査情報対策費のうち対価として使われた分の領収書等の情報が明らかになった場合の支障は、政策推進費に係る領収書等の場合と同様」だし、「活動関係費に係る領収書等の情報が明らかになった場合に生じる支障」のうち、「情報収集や協力依頼等の相手方等に対して謝礼、慶弔費、活動経費を支払っている場合……の支障については、……政策推進費に係る領収書等……として使用された分で述べたのと同様」だし、さらに、「領収書等以外の対象文書についても、……領収書等に記載された情報を明らかにした場合と同様の支障があります」と主張しています。

そこで、ここでは、「領収書等」と「領収書等以外の対象文書」を全部公開した場合、国が主張する三つの支障について、反論しておきます。

千代「陳述書」は、「政策推進費の領収書等」を全部開示すれば、第一に、「情報収集や協力依頼等の相手方との信頼関係を損なう」という支障が生じると主張しています。具体的には、「仮に領収書等に記載された相手方の氏名等の情報が公にされることになれば、それだけで相手方との信頼関係が大きく損なわれることになります」と説明し、「領収書等に記録された個々の支払の額が公にされることになると、相手方は、自らが受けた額と他者に支払われた額とを比較することができるようになります。常識的に考えて、このような事態が信頼関係に悪影響を与えることは明らかです。

すなわち、相手方は、自分が受け取った額が低いとの印象を受けた場合には、内閣が自分を低く評価し、重要人物と位置付けていないことによるものであるなどと考え、内閣官房長官や内閣に対し、不満、不快感を抱き、信頼が失われてしまいます」と説明し、「領収書等に記載された日付のみを取り上げてみても、それが公開されれば想像を交えた使途等が云々され、『内閣がカネで政策課題を解決しようとしている』などと批判する報道等が掲載されることが予想されます」と説明し、全部不開示を主張しています。

確かに、「政策推進費」の支払の相手方（「政策推進費」の受取人）の「氏名等」については、それが民間人であれば、原則として国の言い分も理解できます（例外は後述します）。しかし、「日付」については、マスコミが報じるのは、前述した請求書の場合と同じように実際の使途ではなく、その推測・憶測にすぎません。ですから、領収書等に記載されている「日付」については、請求書で開示されているのですから、開示すべきです。また、「政策推進費」の個々の「支払額」ですが、民間人の「氏名等」が不開示されるのであれば、「相手方は、自らが受けた額と他者に支払われた額とを比較すること」は無意味になりますから、「信頼関係に悪影響を与えること」は考えられません。

第二に、千代「陳述書」は領収書等を全部開示すれば「我が国が外交上及び安全保障上不利益を被る」という支障が生じると主張します。しかし、「相手方」が外国人であれば、その「氏名等」を不開示にし、それ以外を全部開示しても、「相手方の氏名等」が不明である以上、そのような支障が生じることはありません。

第三に、千代「陳述書」は領収書等を全部開示すると相手方が「第三者による不正な工作等を受ける」という支障が生じると主張しています。しかし、前述したように、民間人や外国人が相手方であればその氏名等を不開示にし、それ以外の情報を全部開示しても、「相手方の氏名等」が不明である以上、そのような支障が生じることはありません。

では、次に、使途文書ごとの国の主張を確認し、具体的に反論します。

第3節 「政策推進費受払簿」「報償費支払明細書」は全部開示すべき

◆公開しても一般人に「政策推進費」の使途等の特定は不可能

「政策推進費受払簿」とは、すでに確認したように、内閣官房報償費の「政策推進費」に関する文書です。千代「陳述書」によると、「政策推進費受払簿」とは「内閣官房長官が、内閣官房報償費から政策推進費として使用する額を区分する都度、…作成して」いる文書です。ですから、内閣官房長官が誰かに「政策推進費」を支払ったときのものではありません。

これに記載されている情報は、「年月日」「前回残高」「前回から今回までの支払額」「現在残額」「今回繰入額」「現在額計」「内閣官房長官（氏名、押印）」「確認（（事務補助者）内閣総務官室（氏名、押印））」です（第1章の**資料1-2**を参照）。

これらの情報については、すでに全部開示されている請求書（内閣官房長官が内閣官房報償費を請求している行政文書）における情報と比べてみましょう（**表3-2**を参照）。

「政策推進費受払簿」には、前述したように、内閣官房長官が誰かに支払ったときのものではなく、その前に、同長官が単に受け取ったときのものですから、「相手方」は記されてはいません。ですから、千代幹也内閣総務官も、2010年8月13日の証言（以下「千代証言」）で、「政策推進費をだれに配ったかというのは、受払簿からはわかりません」と証言しています（「証人調書」）。

また、「政策推進費」を支出する場合の具体的な目的も明記されてはいません。「千代証言」は、具体的な目的は「出てきません」と証言しています（「証人調書」）。

内閣官房長官が「政策推進費」を誰かに支払うために受け取っただけの「政策推進費受払簿」における内閣官房長官の氏名についてですが、請求書における内閣官房長官の氏名は開示されているのですから、それについても公開できるはずです。それが開示されたことで、「当該事務又は事業の性質上、当該事務又は事業の適正な遂行に支障を及ぼすおそれがある」とは到底いえないことは、あまりにも明白です。

「政策推進費受払簿」における事務補助者の氏名についてですが、請求書における官署支出官の氏名も開示されているのですから、それについても公開できるはずです。それが開示されたことで、「当該事務又は事業の性質上、当該事務又は事業の適正な遂行に支障を及ぼすおそれがある」とは到底いえないことは、あまりにも明白です。

「政策推進費受払簿」における「年月日」についてですが、請求書における「年月日」も開示されているのですから、それについても公開できるはずです。それが開示されたことで、「当該事務又は事業の性質上、当該事務又は事業の適正な遂行に

表3-2　内閣官房報償費請求書と政策費支払簿の各記載事項の比較

内閣官房報償費請求書	政策推進費受払簿
年月日	年月日
	前回残高
	前回から今回までの支払額
	現在残額
請求金額	今回繰入額
	現在額計
内閣官房長官（氏名、押印）	内閣官房長官（氏名、押印）
官署支出官・内閣府大臣官房会計課長（氏名、押印）	確認（（事務補助者）内閣総務官室（氏名、押印））

支障を及ぼすおそれがある」とは到底いえないことは、あまりにも明白です。

「政策推進費受払簿」における「今回繰入額」についてですが、これは、前出したように、内閣官房長官が誰かに支払った金額ではなく、その前に、自らが取った金額です。請求書における請求額も、内閣官房長官が誰かに支払った金額ではなく、単に請求した金額であり、これについては、開示されているのですから、「政策推進費受払簿」における「今回繰入額」についても開示できるはずです。それが開示されたことで、「当該事務又は事業の性質上、当該事務又は事業の適正な遂行に支障を及ぼすおそれがある」とは到底いえないことは、あまりにも明白です。

「政策推進費受払簿」における以上の情報以外の「前回残高」「前回から今回までの支払額」「現在残額」「現在額計」は、請求書には記されていない情報ですが、そこには、例えば、政府が外交上重要な情報の収集・提供を依頼している「相手方の氏名等」は一切記されてはいませんから、それらが開示されても、「政策推進費」を受け取った「相手方」が誰であるのかを特定することは絶対に不可能です。

また、「推測」がなされるとしても、それは請求書等を開示したときになされる程度の「推測」と本質的に異なりません。それ以上の推測は不可能です。被告である国は請求書等を開示しているのですから、「請求書等」を開示したときになされる程度の「推測」がなされるとしても、それを理由に不開示にすべきではないことは、国の実務が教示している結論です。

したがって、「政策推進費受払簿」を全部公開しても、「当該事務又は事業の性質上、当該事務又は事業の適正な遂行に支障を及ぼすおそれがある」とは言えませんから、「政策推進費受払簿」は全部開示すべきです。

◆官房長官行動と付き合わせても「支払目的・内容や支払相手先等」の「特定」不可能

千代「陳述書」は、「政策推進費受払簿に記載された作成日付、金額（前回残額、前回から今回までの支払額、現在残額、今回繰入額及び現在額の合計）等の情報が公になった場合、政策推進費の一定期間における支払総額や一定時点における繰入額が明らかになり」、「その当時の内政上、外政上の政策課題等を照らし合わせることにより、政策推進費の支払の目的・内容や支払の相手先等が特定又は推測されるおそれがある」と説明しています。

しかし、例えば、「政策推進費受払簿」における「年月日」は、内閣官房長官が誰かに「政策推進費」を支払った年月日ではなく、単に「政策推進費」を受け取った年月日にすぎません（千代幹也「証人調書」）。請求書における年月日が開示されても、「特定の事業との関係」を「特定」することや「支払目的・内容や支払相手先等」を「特定」することが不可能であるように、「政策推進費受払簿」における「年月日」が開示されたからといって、「特定の事業との関係」を「特定」することや「支払目的・内容や支払相手先等」を「特定」することは不可能です。この結論は、「年月日」以外の情報が全て開示されても、同じです。

また、内閣官房長官の行動については、国民がそれを全て漏らさず把握することは不可能です。内閣総理大臣（首相）については「首相動静」として新聞報道されています（これでも内閣総理大臣の行動は全て把握できるわけではありません）が、「内閣官房長官動静」というようなマスコミ報道記事はありません。内閣官房長官の具体的行動については、マスコミ報道の個々の記事を手がかりに、それをつなぎ合わせて把握するしかありませんが、その作業によって内閣官房長官の具体的行動を全て把握することは不可能です。

私は、ある新聞社のデータベース（有料）で、２００６年9月1日における安倍晋三内閣官房長官の行動を調べてみました。そうすると、時刻や場所がわかる記事は、「安倍晋三官房長官（51）は1日夕、広島市内で記者会見し、自民党総裁選出馬を正式に表明し、新憲法の制定や教育の抜本改革などを柱とする政権構想を発表した。……」だけでした。

その翌日（同年同月2日）の安倍晋三内閣官房長官の行動についても同様に調べてみましたが、「安倍晋三官房長官は2日午後、自民党総裁選に向け松山市で開かれた党四国ブロック大会の討論会で、後継首相になった場合の道州制導入に関し『次の任期中に骨格を決めるのが第一弾だ』と述べ、党総裁として一期目の任期である3年間で道筋を付けたいとの意向を表明した」だけでした。

結局、この両日、安倍内閣官房長官は、1日の夕方、広島市内もどこかで記者会見し、2日午後、松山市で開かれた党四国ブロック大会の討論会に参加していることしかわかりませんでした。つまり、安倍内閣官房長官のそれ以外の行動は、マスコミ報道では全くわからないのです。

もちろん、他のマスコミ報道を追加して収集すれば、以上以外の情報も収集できるかもしれませんが、しかし、マスコミは内閣官房長官の全ての行動を網羅して報道しているわけではありません。これでは、内閣官房長官の行動を把握できるとは到底言えません。

一般人が内閣官房長官の行動の一部を知ったからといって、「政策推進費受払簿」には「政策推進費」

の支払の相手方の氏名等は記されていない以上、「特定の事業との関係」を「特定」することも「支払目的・内容や支払相手先等」を「特定」することも、絶対に不可能です。

また、「推測」がなされるとしても、それは「請求書等」を開示したときになされる程度の「推測」と本質的に異なりません。それ以上の推測は不可能です。国は「請求書等」を開示しているのですから、「請求書等」を開示したときになされる程度の「推測」がなされるとしても、それを理由に不開示にすべきではないことは、国の実務が教示している結論です。

したがって、「政策推進費受払簿」は全部開示しても、「当該事務又は事業の性質上、当該事務又は事業の適正な遂行に支障を及ぼすおそれがある」とは決して言えませんから、「政策推進費受払簿」は全部開示すべきです。

◆「報償費支払明細書」も全部開示すべき

では次に「報償費支払明細書」ですが、千代「陳述書」によると、それは「国の会計検査において」「内閣官房報償費に係る領収書等の証拠書類」を提出せず、それに代わり、提出する文書です。

「報償費支払明細書」に記載される情報は、「取扱責任者氏名」「年月日」「前月繰越額」「本月受入額」「本月支払額」「翌月繰越額」「支払年月日」「支払金額」「合計」（額）「使用目的」「取扱者名」「備考」です（**表3-3**及び第1章の**資料1-5**を参照）。つまり、「報償費支払明細書」とは、会計検査院に対して開示しても支障のない限度での項目だけを記載したものなのです。

ですから、支払相手方はどこにも記載されないままです。「千代証言」は、これを認めています（「証

表3-3　政策推進費受払簿と報償費支払明細書の各記載事項の比較

政策推進費受払簿	報償費支払明細書
年月日	年月日
前回残高	前月繰越額
前回から今回までの支払額	本月支払額
現在残額	支払金額
	支払年月日
今回繰入額	本月受入額
現在額計	合計（額）
	翌月繰越額
	使用目的
内閣官房長官（氏名、押印）	取扱責任者氏名
確認（(事務補助者）内閣総務官室（氏名、押印))	取扱者名
	備考

人調書」)。また、「支払目的」欄には、「政策推進費」「調査情報対策費」「活動関係費」のいずれかが記載されているだけです。したがって、「報償費支払明細書」に記録されている全ての情報が開示されても、一般人は内閣官房報償費の相手方を「特定」することは絶対に不可能です。

　また、「推測」がなされるとしても、それは「請求書等」を開示したときになされる程度の「推測」と本質的に異なりません。それ以上の推測は不可能です。国は「請求書等」を開示しているのですから、「請求書等」を開示したときになされる程度の「推測」がなされるとしても、それを理由に不開示にすべきではないことは、国の実務が教示している結論です。

　したがって、「報償費支払明細書」に記録されている全ての情報が開示されても、相手方との信頼関係を損なうことはありえませんし、「当該事務又は事業の性質上、当該事務又は事業の適正な遂行に支障を及ぼすおそれがある」とは決して言えませんから、「報償費支払明細書」は全部公開すべきです。

第4節　「出納管理簿」「支払決定書」「領収書等」の開示の在り方

◆「出納管理簿」は「支払相手方等」を含め全部公開でも良い場合がある

千代「陳述書」によると、「出納管理簿」とは、「事務補助者は、内閣官房報償費の出納管理のため、月ごとにまとめた上で、さらに当該年度に係る累計額で、当該年度等における内閣官房報償費全体の出納状況を一覧することができるように、内閣官房報償費の出納がある都度、…記載して作成」する文書です。

そこに記載されている情報は、「年月日」「摘要（使用目的等）」「受領額」「支払額」「残額」「支払相手方等」「月分計」「累計」「立会人（事務補助者）」「確認者」です（第1章の**資料1-4**を参照）。

このうち、「支払相手方等」以外の情報は、前掲の「報償費支払明細書」に記載されている情報と基本的に異なるものではありませんから、これらの情報が開示されても、「特定の事業との関係」を「特定」することも「支払目的・内容や支払相手先等」を「特定」することも、絶対に不可能ですし、「当該事務又は事業の性質上、当該事務又は事業の適正な遂行に支障を及ぼすおそれがある」とは到底いえないことは、あまりにも明白です。

「支払相手方等」の欄には、「（注）本欄は記載した場合、支障があると思われる場合は省略することができる」と記載されていますから、原則として、開示されれば支障がある「支払相手方等」はそもそも記載されていないことになります。

したがって、「支払相手方等」が記載されていなければ、「出納管理簿」は全部開示しても、「特定の事業との関係」を「特定」することも「支払目的・内容や支払相手先等」を「特定」することも、絶対に不可能ですから、「当該事務又は事業の性質上、当該事務又は事業の適正な遂行に支障を及ぼすおそれがある」とは言えないことになります。

また、たとえ「支払相手方等」が記載されていても、その情報は、「開示されても支障がある情報ではない」と判断されて記載されていることになるので、「支払相手方等」が記載されている「出納管理簿」を全部開示しても、「当該事務又は事業の性質上、当該事務又は事業の適正な遂行に支障を及ぼすおそれがある」とは言えないことになります。

もっとも、これに対しては、「千代証言」は、「支払相手方は全部書いている」と証言しています（「証人調書」）ので、反論が予想されます。実際に、そうであれば、「本欄は記載した場合、支障があると思われる」か否かの判断をせずに支払相手方を書いていることになります。つまり、本欄は記載した場合、支障がある人物の氏名も記載されているし、支障がない人物の氏名も記載されていると いうことになります。「内閣官房報償費」の支払相手方は全て不開示にしなければならないのであれば、そもそも「（注）本欄は記載した場合、支障があると思われる場合は省略することができる」と記載する必要はありません。このような記載があるということは、支払相手方の氏名が開示されても支障がない人物にも支払われるということが、「内閣官房報償費」にも想定されているのです。ですから、裁判所は、「支払相手方の氏名が記されていれば当然不開示にする」と判断せずに、開示すれば支障があるか否かを個別に判断していただきたいのです。

◆「支払決定書」は「支払相手方等」以外の全情報を開示すべき

千代「陳述書」によると、「支払決定書」とは、「調査情報対策費と活動関係費を支出するとき」「取扱責任者である内閣官房長官が、調査情報対策費又は活動関係費の1件又は複数件の支払に係る支払決定を行うために…作成」する文書です。

そこに記載されている情報は、「年月日」「内閣官房長官（氏名、押印）」「金額」「支払目的」「支払相手方等」「支払及び確認年月日」「（事務補助者）内閣官房内閣総務官室（氏名）」です（第1章の**資料1-3**を参照）。

千代「陳述書」は、「支払決定書に記載された支払相手方等、支払目的、作成日付、金額等の情報が明らかになると、情報収集や協力依頼等の相手方、これらの諸活動に利用した会合場所の事業者、交通事業者等のほかに、具体的な支払目的、支払内容や支払決定を行った時期、支払額が明らかになり」、「特定の時期に作成された支払決定書の量や作成頻度が明らかになるだけでも、その時期に生じていた政治事案等と対比したり、他の時期の作成量や作成頻度と対比したりして、これらと特定の事案との関係が推測され、内閣官房報償費の具体的使途が推測されることになり」、「相手方との信頼関係が損なわれることになります」と説明しています。

しかし、「支払相手方等」の欄に全く記載がない場合や、「支払相手方等」（ただし原則として民間人）を不開示にし、他の情報を全部開示したとしても、開示される情報は、「年月日」「内閣官房長官（氏名、押印）」「金額」「支払目的」「支払及び確認年月日」「（事務補助者）内閣官房内閣総務官室（氏名）」ですから、これらが開示されても、相手方の氏名等は不明のままですし、一般人が内閣官房報償費の具体的な使途を特定することは不可能ですから、「相手方との信頼関係が損なわれる」ことは、ありえせん。

「調査情報対策費」と「活動関係費」が一つの「支払決定書」にまとめて支出されている場合、支出金額は両者の合計額であり、そのうち、「調査情報対策費」がいくらの金額で、活動関係費がいくらの金額なのか、全くわかりませんし、支出日などについても同様に全くわかりません。また、支出内容について代表的なものしか記載されていないでしょうから、その具体的使途について一般人が代表的な支出内容以外を特定することは不可能です。

ただし、「支払相手方等」が、以下のような民間人である場合には、不開示にする必要はありません。

◆「領収書等」も「民間人の支出相手方等」以外の全情報を開示すべき

千代「陳述書」は、「領収書等とは、内閣官房報償費の支払に関して、支払の相手方から受領した領収書、請求書及び領収書のことであり、内閣官房報償費の領収日等の日付、あて名、金額、相手方氏名（情報提供者、協力者の氏名、会合場所の業者名、交通事業者名等）の情報が記録されていますが、領収書等の実際の形式は様々です。領収書等は、政策推進費、調査情報対策費及び活動関係費という経費の区分ごとに、それぞれの経費に係るものに類別できます…」と説明しています。

千代「陳述書」は、「政策推進費の領収書等」を全部開示すれば、「情報収集や協力依頼等の相手方との信頼関係を損なう」という支障が生じると主張し、全部不開示を主張しています。

しかし「領収書等」のうち民間人である「支払相手方の氏名等」の情報を不開示にしたうえで、

他の情報を全部開示したとしても、内閣官房長官の行動の全てを調査・把握することは不可能である以上、開示される情報から一般人が「支払相手方」や「内閣官房報償費」の具体的な使途を特定することは不可能です。

また「政策推進費」は全額、内閣官房長官が直接相手に支払うのは事実上不可能です。前述した政治家の証言によると、内閣官房副長官など内閣官房内部の公務員らを使って配布しているのが実態のようです。被告である国「第7準備書面」（2010年1月8日）も、「本件対象文書に係る内閣官房報償費の支出において、この中に公務員を支払の相手方とするものがあったとしても、それは、いずれも活動経費（活動に要した実費）又は非公務員である相手方に代わって受領するものである」と説明しています。そうなると、内閣官房長官の行動の全てを調査・把握することがたとえ可能であったとしても、実際に配布している公務員らの氏名が不明であれば、開示される情報から一般人が「支払相手方」や「内閣官房報償費」の使途を特定することは不可能です。

その場合「領収書等」の氏名等に記されているのが、当該使者の氏名等であり、それが開示されたとしても、当該使者の行動は全て調査・把握することは不可能ですし、たとえそれが可能であったとしても「政策推進費」を実際に受け取った人物の氏名等は「領収書等」に記されていない以上、開示される情報から一般人が「支払相手方」や「内閣官房報償費」の使途を特定することは不可能です。

また「領収書等の実際の形式は様々」ということですので「領収書等」が開示され、一般人が領収書等の形式を知ったからといって、「内閣官房報償費」の使途を特定することは不可能です。

◆「調査情報対策費」「活動関係費」における会合に関する情報

千代「陳述書」よると、「調査情報対策費」と「活動関係費」に関する文書には「会合の場所」の情報が記載されているようです。

千代「陳述書」は第一に、「内閣官房報償費を用いて行う情報収集や協力依頼等の活動は、高度の秘密を要するため、その相手方との会合についても、秘密裏に行われる必要があることは、言うまでもありません。相手方から決まった場所を指定してくる場合も数多くあります。このような会合の場所の業者に関する情報が明らかになった場合、マスコミ等による当該業者などへの取材の結果、情報収集や協力依頼等の相手方が特定又は推測される可能性があります」「また、領収書等に記録された金額が公となると、相手方は、会合場所で供された飲食費等について、他者の受けた分の金額とを比較することができるようになります」「このような場合、政策推進費に係る領収書等について述べた『情報収集や協力依頼等の相手方との信頼関係を損なうこと』と同様の支障が生じます」と主張しています。

しかし、情報収集や協力依頼等の相手方である会合の相手方が民間人や外国人である場合、その氏名等が開示されなければ、飲食費等の金額の比較をする意味がなくなります。

また、たとえ会合の場所（お店の場所等）が開示され、マスコミの取材の結果、必ず「情報収集や協力依頼等の相手方が特定」されるわけではありません。また「情報収集や協力依頼等の相手方」の「推測」は「請求書等」の全部開示による「推測」と本質的に異なるものではありません。

したがって、会合に関する情報が全部開示されても「情報収集や協力依頼等の相手方との信頼関係を損なうこと」はありません。

第二に、千代「陳述書」は「会合場所の業者に関する情報が明らかになると、会合場所が特定又は推測され、マスコミ等による当該業者などへの取材に加え、内閣に関する情報を不正入手しようとする者や内閣の政策運営を妨害しようとする者等が、当該業者やその従業員に働きかけ、あるいは従業員として事業者の内部に潜入させることなどにより、情報収集を図ることが考えられ、接触の相手方やその内容等に関する情報を漏洩させる危険がありますとまた、同様の会合が開催される場合に事前にその情報を提供させたり、会合場所の人の出入りを監視させることにより、関係者が特定されるなどのおそれがあります。これでは会合の秘密を守るなどということは到底かないません。」と主張しています。

しかし、会合の場所の業者の方が国の信頼を得るために従業員などにも秘密厳守をさせるので、「会合場所の業者に関する情報」が開示されても、必ず「接触の相手方やその内容等に関する情報」が「漏洩」されるというわけではありません。

第三に、千代「陳述書」はこれまで利用してきた「会合場所の業者を以後利用できなくなる」という支障が生ずると主張しています。しかし、第一と第二の支障が必然的に生じるわけではないので第三の支障が生ずることはないでしょう。

前述したように『週刊宝石』（前掲書）は、1998年2月分の内閣官房報償費の一部の「支払い明細書」と「支払い命令書」を入手し報じています。この結果として第一、第二、第三の支障が生じたかと問えば、その答えは否でしょう。

◆「活動関係費」中の「交通費」についての「交通事業者」等の情報

千代「陳述書」は「交通費として使用されている場合には、タクシー、ハイヤー等の交通事業者に関する情報が明らかになると、マスコミによる取材等により、関係者からの情報の漏洩等を誘発して、相手方が特定された結果、相手方との信頼関係を損なうため、政策推進費に係る領収書等のところで述べたのと同様の支障が生じる」「交通事業者については、信頼のおける決まった運転手に運転をお願いしたりしているところです」と主張しました。

しかし、内閣官房長官が内閣官房報償費で交通費を支払っている先の交通事業者名を開示しても、当該交通事業者は国との信頼関係を維持しなければ恒常的に利用してもらえず、営業にマイナスになるため「信頼のおける決まった運転手」の氏名をマスコミに教えることは考えられません。

また交通事業者も当該運転手も、顧客等に関する情報をマスコミに漏らすことは考えられないでしょう。さらに情報収集や協力依頼等の相手方が「真に機密性の高い情報」をタクシー等の社内で語るとは思えません。したがって、「交通事業者に関する情報」を開示しても「相手方との信頼関係を損なう」ことはありえないでしょう。

◆「活動関係費」中の「贈答品」についての「販売業者」等の情報

千代「陳述書」は「贈答品の購入費用として使用されている場合については、購入先の事業者等に関する情報が明らかになると、相手方との会合場所に直接贈答品を届けてもらう場合もあり、マスコミによる取材等により、芋づる式に関係者からの情報の漏洩等が誘発されることになります。

そして、このようにして相手方が特定された結果、相手方との信頼関係を損なうため、政策推進費に係る領収書等のところで述べたのと同様の支障が生じる」し、「また、贈答品の品物や金額に関する情報が公になると、贈答品を贈られた相手方は、自らが受け取った品と他者に贈られた品とを比較できるようになり、…領収書等に記録された個々の支払の額が公になった場合と同様の支障が生じます」と主張しています（18～19頁）。

しかし「贈答品の品物や金額に関する情報」を開示しても、相手方の氏名等を開示しなければ、贈答品を他者と比較する意味もなくなります。また、購入先の事業者名が開示されても、当該事業者は国との信頼関係を維持しなければ恒常的に利用してもらえず営業にマイナスになるため、顧客等に関する情報をマスコミに知らせることはありえないでしょう。したがって、贈答に関する情報を開示しても、相手方は「特定」されることはありませんから「相手方との信頼関係を損なう」ことはありえないでしょう。

◆「活動関係費」中の「書籍類」についての「書店名」等の情報

千代「陳述書」は「書籍類の購入のために使用されている場合については、購入書籍類の内容に関する情報を収集すれば、そのときに内閣官房長官等が関心を持って情報収集等している事案や分野が明らかになることから、不正な工作等が行われる可能性があり、その結果、内閣における政策の推進に支障を及ぼすおそれがある」し、「また、内閣官房報償費を使って購入した書籍類の内容に関する情報が明らかになると、内閣官房長官が購入した目的とはかかわりなく、様々な憶測を呼ぶおそれがあり、内閣の様々な政策運営に支障を及ぼすことにもなりかねません」と主張しています。

しかし、書籍類の購入をした書店名を開示しても、当該書店やその従業員は国との信頼関係を維持しなければ恒常的に購入してもらえず営業にマイナスになるため、顧客や購入書籍に関する情報をマスコミに知らせることはありえないでしょう。また、内閣官房長官が購入した目的が「特定」されることもないでしょう。憶測が「請求書等」の開示による場合と本質的に異ならないものであれば、不開示にすべきではありません。したがって、書籍類の購入書店や購入図書等を開示しても、「内閣の様々な政策運営に支障を及ぼす」ことはないでしょう。

◆「活動関係費」中の「銀行の振り込み手数料」を支払った「銀行名」の情報

千代「陳述書」は「支払関係経費として使用されている場合についても、…金融機関やその従業員がマスコミの取材や不正な工作等の対象となるため、個別の振込先である会合場所等の情報が明らかになるおそれがあり、その結果、内閣における情報収集や協力依頼等の活動全般に支障が生じることになります」と主張しています。

しかし、金融機関とその従業員は、国との信頼関係を維持しなければ恒常的に取引・利用してもらえず営業にマイナスになるため、顧客に関する情報をマスコミに知らせることはありえないでしょう。したがって、金融機関名（銀行名）を開示しても、会合場所等の情報が明らかになることはありませんし「情報収集や協力依頼等の活動全般に支障が生じること」もありえないでしょう。

第5節　国会議員らへの支出の問題点

◆「合意等に対する対価」としての国会議員らへの支出の問題点

情報公開法の「行政執行情報」においては「公にすることにより、……当該事務又は事業の性質上、当該事務又は事業の適正な遂行に支障を及ぼすおそれがあるもの」を不開示情報としており（第5条第6号）、「適正」ではない「事務又は事業の遂行に支障を及ぼすおそれがあるもの」については、情報公開法における「不開示情報」ではないことはすでに前述しました。

国は「内閣官房長官が、内政・外交に係る内閣の重要政策等の企画立案、総合調整等を的確に行っていくためには、その判断の材料となる、当該分野をめぐる内外の諸情勢等の情報を迅速かつ的確に調査、収集するとともに、国の内外における様々な立場の関係者等の協力を確保しつつ、合意形成を図っていく必要がある」と説明した後に、次のように記しています（「第5準備書面」２００９年８月７日）。

「例えば、利害関係者が多数いる複雑な課題の場合には、その多数の関係者間の合意形成に向けて、まずは、当該課題に係る適切・妥当な合意形成への方針・手法（いわゆる「落としどころ」への持っていき方）を探るべく、様々な立場の関係者が従来公の活動の場で表明している意見・方針等の背景や譲歩可能な点についての情報収集や意見交換を行い、分析した上で、おおよその合意点を見いだし、さらに合意点に向け、関係者に対し直接的あるいは間接的な様々な働きかけや調整を行い、譲歩を引き出し、あるいはこちらも譲歩し、最終的に関係者の合意を得られることになる」

そして、国が提出した「対象期間中における内閣官房報償費一覧」には、使用目的「政策推進費」の使用目的区分に「対価（合意・協力、情報）」と明記されています（「第4準備書面」（2008年12月17日）および「第6準備書面」（2009年10月19日）の両別紙1）。

「千代証言」は「合意」について「相手方の調整の過程においていろいろな協力を行うとか、相手方においてこういった点で、こういった点では同じ見解ですねという場合はあろうかと思います」と説明し、「合意に対する対価」につき対価を「払う場合もあれば払わない場合もあるだろうかと思います」と証言しています（「証人調書」）。

このように「政策推進費」は「合意に対する対価」「協力に対する対価」としても支出されているわけですが、これにつき私が真っ先に思い浮かべたのは「国会対策」（国対）のために内閣官房報償費が支出されているという前掲の野中元官房長官などの多くの証言です。

ということは、例えば野党が「反対」している法律案を国会で成立させるために、野党の国会議員（例えば野党の国会対策委員長）に対し当該法律案に「賛成」する「合意」または「協力」を取り付けるために、あるいは当該法律案の強行採決をすることに「合意」または「協力」を取り付けるために、内閣官房報償費（政策推進費）が支出される場合があることを意味しています。

もっとも、法律案が政府提出法案であり、反対しているのが与党の国会議員である場合もありますし、いわゆる高級官僚である場合もあります。また法律案以外では、予算案の場合も考えられますしその他の議案の場合も考えられます。

「千代証言」は「属性によって払う払わないということは、特段ルールがあるというものではございません」と証言し、国会議員らへの「合意・協力に対する対価」の支払対象から除外すると明言してはいません（「証人調書」）。

いずれの場合であれ、衆参の国会議員や官僚は国家公務員ですし、彼らが内閣官房報償費（政策推進費）を受け取って政府・与党の法律案を成立させることに「合意」し、あるいは「協力」することは「職務行為に対する国民の信頼」を裏切ることになりますから、その支出はいわば「賄賂」と言えるでしょう。

ですから、そのような支出は、元々違法な支出であり、そのような秘密は法的に保護すべきではありません。「適正」ではない「事務又は事業の遂行に支障を及ぼすおそれがあるもの」については、情報公開法における「不開示情報」ではないのですから、国会議員らの氏名は開示すべきです。

この点は、前述の法案等に関する「情報に対する対価」が国会議員らに支払われる場合にも妥当します。特に公務員については、公務員からの情報を収集するのに内閣官房長官が対価を支払うことは、それが公務員が職務上取り扱っている情報である限り、その情報につき対価を支払うことはあり得ないはずで、職務上取り扱っている情報に対価を支払っているとなれば、それは賄賂性を帯びるものですから、適法な秘密とは言えず法的な保護に値しません。「適正」ではない「事務又は事業の遂行に支障を及ぼすおそれがあるもの」については、情報公開法における「不開示情報」ではないのですから公務員らの氏名は開示すべきです。

◆政治資金としての国会議員らへの寄附の場合

政治資金規正法は、政党または政治団体の政治資金の収入及び支出（収支）を政治資金収支報告書に記載させる法律ですが、それだけではなく寄附については質的制限や量的な制限を行っている法律でもあります。

同法によると、国会議員などの公職の候補者に対しその政治活動（選挙運動を除く）に関して寄附することは、何人にも禁止され、それに違反すると処罰されうることになります（第21条の2、第26条）。

前述したように「適正」ではない「事務又は事業の遂行に支障を及ぼすおそれがあるもの」については、情報公開法における「不開示情報」ではないのですから、政治資金規正法に違反する国会議員などの公職の候補者に政治活動のための寄附は開示すべきですから、国会議員の氏名も開示すべきです。

◆政治資金として形式的に政党の支部長である国会議員ら（実質は政党支部）への寄附の場合

政治資金規正法は前述したように、政党または政治団体の政治資金の収入及び支出（収支）を政治資金収支報告書に記載させる法律ですが、ここでいう「政治資金」とは政党や政治団体が私的に集めた資金だけではなく、公的な資金も含まれているというのが、総務省の見解であり、現にそのような法律運用がなされています。

ですから、政党助成法に基づき政党に交付されている公金である政党交付金や「国会における各会派に対する立法事務費の交付に関する法律」に基づき会派に交付されている公金である立法事務費も、政党の政治資金収支報告で「収入」として記載・報告されているのが現状です。

政党交付金の「使途」は政党助成法に基づいて政党交付金使途報告書に記載しなければなりませんが、立法事務費の「使途」については、それを記載して報告する条項はありません。結果的には、政治資金収支報告書で立法事務費は収入の一つとして記載され、その他の政治資金と一緒にされたうえで、支出の記載がなされている形になります。

したがって、公金である内閣官房報償費が政治資金として支出されるようなことがあれば、それを受け取ったものが形式的には政党の支部長（国会議員など）であり、実質的には「政党支部」であれば、一応形式的には、それらはその資金を「収入」として報告しなければならず、それを故意に怠れば、虚偽記載（不記載）の罪に問われうることになります（政治資金規正法第12条・第25条）。ですから、そのような寄附は、政治資金収支報告書に報告しなければならないのですから、情報公開法における「不開示情報」とは言えません。

もっとも、公金を政治資金として支出するには憲法に違反せず、かつ法律上の根拠が必要です。しかし、公金である内閣官房報償費を政治資金として「政党支部」に支出することを許容する法律はありません。したがって、公金である内閣官房報償費を政治資金として政党支部（形式的には支部長の国会議員）に支出することは目的外支出であり、違法です。

前述したように「適正」ではない「事務又は事業の遂行に支障を及ぼすおそれがあるもの」については、情報公開法における「不開示情報」ではないのですから、違法な政党支部への寄附は開示すべきですし、形式的に受け取った支部長である国会議員らの氏名も開示すべきです。

◆選挙運動資金としての国会議員らへの寄附の場合

内閣官房報償費が選挙運動資金としての国会議員や知事など公職の候補者に寄附された場合、それは、公職選挙法に基づいて選挙運動費用収支報告書に「収入」として記載する必要があり、それを故意に怠ると、処罰されうることになります（第189条・第246条）。

その寄附は収入として選挙運動費用収支報告書で公開されるのですから、当然、内閣官房報償費が選挙運動資金としての寄附として国会議員に支出された場合、それは「不開示情報」とは言えませんから、選挙運動資金としての寄附は開示されなければなりませんし、それを受け取った国会議員の氏名も開示すべきです。

また公職選挙法は、公金が選挙に使用される場合として、いわゆる選挙公営を明記している（詳細は選挙制度研究会『実務と研究のためのわかりやすい公職選挙法［第15次改訂版］』ぎょうせい・2014年234－236頁）ので、選挙公営以外に公金が選挙に使用されることを許容していない、と解されますから、公金である内閣官房報償費が特定の候補者の選挙運動費用として支出されるとすれば、それは「選挙が選挙人の自由に表明せる意思によって公明且つ適正に行われること」（第1条）、つまり「選挙の公正」を害することになり、違法である、と解すべきです。

また公職選挙法には「選挙運動に関する支出金額の制限」が定められており（第194条～第196条）、この「選挙費用の法定額」を超えて支出すると罰則が予定されています（第247条）から、内閣官房報償費が選挙運動に使用されれば、この違反が問題になるでしょう。

前述したように、「適正」ではない「事務又は事業の遂行に支障を及ぼすおそれがあるもの」については、情報公開法における「不開示情報」ではないのですから、違法な内閣官房報償費の支出は開示されなければなりませんし、それを受け取った国会議員の氏名も開示されなければなりません。

◆国会議員など公務員への支出は財政法にも違反！

内閣官房報償費が国会議員らへの私的な裏ガネとして支出され、あるいは国会議員らの政治活動資金あるいはまた選挙運動資金として支出されたとなると、それは国の予算など財政に関して定めている財政法にも違反する疑いが生じます。

というのは、財政法は「各省各庁の長は、歳出予算及び継続費については、各項に定める目的の外にこれを使用することができない」として、公金の目的外使用を禁止しているからです（第32条）。この点は、国会議員らへの政治資金・選挙資金以外のポケットマネーになる支出の場合にも妥当します。

財政法違反の目的外支出については、適法な秘密とは言えず、法的な保護に値しません。前述したように「適正」ではない「事務又は事業の遂行に支障を及ぼすおそれがあるもの」については、情報公開法における「不開示情報」ではありませんから、国会議員らの氏名は開示すべきです。

◆結論

内閣官房報償費の支出に関する行政文書について国が行った全部不開示処分は、原則としてすべて取り消されるべきです。そして裁判所は、文書に記録されている情報に応じて、全部開示、部分開示を判断すべきです。

少なくとも民間人の情報提供者等支払相手方の氏名等を情報公開法における「不開示情報」とすることはやむを得ないとしても、情報提供者等ではない民間の支払相手方である事業者等の名称や、国会議員、知事、官僚等の公務員の氏名等については開示すべきです。前者は開示しても実質的な支障は生じませんし、後者は違法または不当な支出先（使者である場合は別）ですから不開示にする法益がありません。

国が主張する（部分）開示による支障とは、すでに国が原告に開示している請求書に基づきマスコミが使途等を推測することと本質的には異ならず、その域を超えるものではなく、あくまでも真実と断定できない推測にすぎません。これを理由に、やむを得ない必要最小限を超えて広く情報の不開示を行うことは、憲法および情報公開法に違反しており、民主主義国家に不可欠な情報公開制度を骨抜きにする違憲・違法な運用です。

内閣官房報償費がいわゆる裏金になっているとの証言（本書第2章）は、全く根も葉もない事実無根のデマであるとして簡単に無視することはできません。その証言が、実際に内閣官房報償費を使った元内閣総理大臣・元内閣官房長官・元内閣官房副長官らだからです。

前掲の古川利明『日本の裏金［上］首相官邸・外務省編』は、次のように記しています。

『権力の裏金』は、できる限り少なくし、そして、ゼロに近づける努力は常に続けなければならない。なぜなら、『権力の裏金』とは『暗黒政治の産物』であるからだ。人間の良心を麻痺させ、腐敗、堕落させてしまうのが、こうした『カネ』の力だからだ。腐敗した政治は、そこで税金を払っている

国民を、間違いなく不幸にする。それだけは絶対に食い止めなければならない」（339頁）

また、前掲の歳川隆雄『機密費』は「機密および機密費に関して必要なのは、不正な、あるいは恣意的な使い方を防ぐための情報公開のルールづくりだ。」と提案しています（202頁）。

したがって、全部不開示を許してはならないことは言うまでもなく、やむを得ない必要最小限を超えて広く情報の不開示を認めることは、議会制民主主義を健全なものにしていくためにも絶対に避けなければならないのです。

私は、裁判所（裁判官）が、憲法、法律、良心に基づき（憲法第76条第3項）、主権者国民・納税者国民のために適切な判断をされることを求めました。

第4章 画期的な大阪地裁判決と最高裁判決

第1節 第1次訴訟・2012年大阪地裁判決

私が原告の第1次訴訟において大阪地裁は2012年3月23日、内閣官房報償費の使途に関する行政文書の全部不開示処分の一部を取り消す判決を下しました（平成19年（行ウ）第92号・不開示決定処分取消請求事件・大阪地裁2012年3月23日判決）。全面勝訴ではないのですが、一部勝訴判決でした。

◆大阪地裁判決の骨子

大阪地裁判決の骨子は以下の通りです（ただし、判決の順序・構成とは異なります）。

①「政策推進費受払簿」と「報償費支払明細書」については、具体的な使途や相手方等が記載されておらず、開示してもそれらが特定あるいは推認されるおそれはなく、内閣官房の適正な事務の遂行に具体的支障が生じるおそれがあるとは認め難いから、情報公開法における不開示情報には該当しないので、全部非開示処分をすべて取り消す（全部開示）。

②「支払決定書」と「領収書等」については、相手方、情報提供者の氏名など、支払金額、日付などが記載されており、これらが開示されれば内閣官房の活動内容が推知され、内閣官房の信頼が失われ以後この活動が制限され、内閣官房の事務の適正な遂行に支障を及ぼすおそれがあり、また我が国の安全が害されるおそれ、他国等との信頼関係が損なわれるおそれ、または他

国等との交渉上不利益を被るおそれがあると認められるので、不開示情報に該当する（全部非開示のまま）。

③「出納管理簿」に記載された情報のうち、調査情報対策費および活動関係費の支払い決定に係る項目については、個別具体的な使途や支払い相手方の氏名・名称の記載があるから不開示情報に該当するが、それ以外の部分については不開示情報に該当しないから、その限りで全部非開示処分を一部取り消す（部分開示）。

以上が判決の骨子です。

◆原則公開の完全勝訴を求めて控訴

被告である国は「本件対象文書について部分開示すべき義務は認められない」と主張しましたが、以上のように、大阪地裁判決は「出納管理簿」については部分開示を認めました。しかし「支払決定書」と「領収書等」については、残念ながら部分開示も認めませんでした。

とはいえ、私の請求に対する開示決定の際には、内閣官房報償費の使途に関する行政文書は１枚も墨塗りして開示されることもなかったのですから、私は大阪地裁判決につき、ブラックボックスに風穴を開けた判決〝開かずの扉〟をこじ開けた判決と高く評価しています（２０１２年３月24日付各新聞報道を参照）。

しかし、私は同判決に１００％満足することはできませんでした。「支払決定書」や「領収書等」の〝原則開示〟を求めているので、控訴審の大阪高裁では完全勝訴判決を勝ち取りたいと思って同年（2012年）3月30日付で控訴しました（国も4月5日付で控訴）。

第2節　3つの裁判の経過

◆裁判の経緯

【第1次訴訟（安倍長官分）大阪地裁判決】

前述したように、2012年3月23日、大阪地裁（第2民事部・山田明裁判長）は、「政策推進費受払簿」と「報償費支払明細書」について原告の請求を認容し全部不開示を取り消し、「出納管理簿」について原告の請求を部分的に認容し全部非開示を部分的に取り消し、「支払決定書」と「領収書等」については原告の請求を棄却し、全部非開示を是認しました。

原告も国も控訴しました。

【第2次訴訟（河村官房長官分＝2・5億円食い逃げ訴訟）大阪地裁判決】

2009年8月30日の衆議院総選挙で、自民党から民主党に政権が交代しました。直後の9月2日、河村建夫官房長官が官房機密費を2億5千万円、国庫に請求していました。そして9月16日、麻生内閣が退陣し、民主党が引き継いだ金庫はカラでした（平野官房長官の国会答弁）。

そこで政治資金オンブズマン共同代表の松山治幸さんが、10月に、9月16日から9月末日までの内閣官房報償費について開示請求をしたところ、12月に使途に関する文書については非開示処分となったので、同月15日に大阪地裁に提訴しました。

２０１２年11月22日、大阪地裁（第7民事部・田中健治裁判長）は、基本的枠組みは第1次訴訟地裁判決と同じで、プラスアルファとして、公共交通機関の利用にかかる交通費の支払に関するもの（ただし、利用者の氏名ないし名称が記録されているものを除く）について、「領収書等」、「支払決定書」、「出納管理簿」の開示を命じました。しかし、それら以外の請求を認めませんでした。

原告も国も控訴しました

【第1次訴訟（安倍長官分）大阪高裁】

２０１２年4月、原告（私・上脇）も被告（国）も控訴し、大阪高裁第2民事部に係属となり、13年3月26日高裁で結審し、6月27日に判決日の指定がなされたものの、後に7月18日に延期され、さらに追って指定されることになりました。

しかし、7月8日、裁判所が弁論再開を決定し、9月6日、原告が裁判官3名を忌避申立しましたが、却下され、抗告、特別抗告をして争ったのですが、最終的に棄却されました。

14年9月12日、弁論が再開され、前回結審時の裁判官3名とも異動により交代し、ようやく15年7月16日、再び高裁で結審しました。

【第2次訴訟（河村長官分）大阪高裁】

２０１２年12月、原告（松山さん）も被告（国）も控訴し、第1次訴訟と同様に大阪高裁第2民事部に係属（裁判体は別）となり、13年9月6日、原告が裁判官3名を忌避申立したものの、却下されました。そして14年9月12日、弁論が再開され、前回結審時の裁判官3名とも異動により交代し、15年7月16日、高裁で結審しました。

【第3次訴訟（菅長官分）】

2012年12月26日、第2次安倍内閣が発足し、14年1月、私は2013年（1年間）の官房機密費支出関係文書を情報公開請求し開示を受けました（**表4-1**を参照）が、支出に関する文書については非開示処分となったので、同年9月に大阪地裁に提訴しました。

15年10月22日、大阪地裁（第7民事部・田中健治裁判長）は、第2次訴訟地裁判決と同じ判決（加えて新たに義務づけを認める判決）を下しました。

原告も国も控訴し、大阪高裁等第13民事部に係属となりました。

【第1次・第2次訴訟（安倍長官分・河村長官分）大阪高裁判決】

2016年2月24日、大阪高裁第2民事部（田中敦裁判長）は、第1次訴訟、第2次訴訟について判決を言い渡し、第1次訴訟地裁判決と同じ内容の判決を下しました（ただし、第2次訴訟は地裁判決のプラスアルファ分を変更しました。平成24年（行コ）第77号不開示決定処分取消請求事件、平成25年（行コ）第2号行政文書不開示決定処分取消請求事件）。

国は上告受理申立を、原告（私・上脇、松山さん）も上告、上告受理申立を行いました。

表4-1　2013（平成25年）内閣官房報償費（機密費）の請求・支払い状況

請求日	支払日	請求者・債主受取人）	請求金額・支払金額（円）
2013（平成25）年1月4日（金）	2013（平成25）年1月8日（火）	内閣官房長官　菅義偉	50,000,000
2013（平成25）年1月4日（金）	2013（平成25）年1月8日（火）	内閣官房長官　菅義偉	50,000,000
2013（平成25）年1月30日（水）	2013（平成25）年2月4日（月）	内閣官房長官　菅義偉	50,000,000
2013（平成25）年1月30日（水）	2013（平成25）年2月4日（月）	内閣官房長官　菅義偉	50,000,000
2013（平成25）年2月20日（水）	2013（平成25）年2月22日（金）	内閣官房長官　菅義偉	50,000,000
2013（平成25）年2月20日（水）	2013（平成25）年2月22日（金）	内閣官房長官　菅義偉	80,211,000
2013（平成25）年4月1日（月）	2013（平成25）年4月4日（木）	内閣官房長官　菅義偉	50,000,000
2013（平成25）年4月1日（月）	2013（平成25）年4月4日（木）	内閣官房長官　菅義偉	50,000,000
2013（平成25）年4月22日（月）	2013（平成25）年4月24日（水）	内閣官房長官　菅義偉	70,000,000
?	2013（平成25）年4月24日（水）	内閣官房長官　菅義偉	30,000,000
2013（平成25）年5月21日（火）	2013（平成25）年5月24日（金）	内閣官房長官　菅義偉	30,000,000
2013（平成25）年5月21日（火）	2013（平成25）年5月24日（金）	内閣官房長官　菅義偉	50,000,000
2013（平成25）年5月21日（火）	2013（平成25）年5月24日（金）	内閣官房長官　菅義偉	50,000,000
2013（平成25）年6月20日（木）	2013（平成25）年6月25日（火）	内閣官房長官　菅義偉	50,000,000
2013（平成25）年6月20日（木）	2013（平成25）年6月25日（火）	内閣官房長官　菅義偉	50,000,000
2013（平成25）年7月23日（火）	2013（平成25）年7月26日（金）	内閣官房長官　菅義偉	50,000,000
2013（平成25）年7月23日（火）	2013（平成25）年7月26日（金）	内閣官房長官　菅義偉	50,000,000
2013（平成25）年8月21日（水）	2013（平成25）年8月26日（月）	内閣官房長官　菅義偉	50,000,000
2013（平成25）年8月21日（水）	2013（平成25）年8月26日（月）	内閣官房長官　菅義偉	50,000,000
2013（平成25）年9月19日（木）	2013（平成25）年9月25日（水）	内閣官房長官　菅義偉	50,000,000
2013（平成25）年9月19日（木）	2013（平成25）年9月25日（水）	内閣官房長官　菅義偉	50,000,000
2013（平成25）年10月23日（水）	2013（平成25）年10月28日（月）	内閣官房長官　菅義偉	50,000,000
2013（平成25）年10月23日（水）	2013（平成25）年10月28日（月）	内閣官房長官　菅義偉	50,000,000
2013（平成25）年11月20日（木）	2013（平成25）年11月25日（月）	内閣官房長官　菅義偉	50,000,000
2013（平成25）年11月20日（木）	2013（平成25）年11月25日（月）	内閣官房長官　菅義偉	50,000,000
2013（平成25）年12月17日（火）	2013（平成25）年12月20日（金）	内閣官房長官　菅義偉	50,000,000
2013（平成25）年12月17日（火）	2013（平成25）年12月20日（金）	内閣官房長官　菅義偉	50,000,000
合　計			1,360,211,000

請求については「請求書」による。支払いについては「支出済一覧表」による。曜日は上脇の調べ。

【第3次訴訟（菅長官分）大阪高裁判決】

２０１６年10月６日、大阪高裁（第13民事部・高橋譲裁判長）は、時期と金額だけでも事象と合わせることで相当程度特定可能か、少なくとも情報の確度をあげる不正工作、不正アクセスにより情報提供者が判明するおそれがあるとして、「出納管理簿」の国庫からの支出分が記載されている部分に開示を限定し、原告にまさかの逆転敗訴を下しました（平成27年（行コ）第１６２号不開示決定処分取消等請求事件）。

原告（私・上脇）が上告、上告受理申立を、国も上告受理申立を行いました。

【菅官房長官時代分の情報公開】

２０１２年４月～２０１７年９月までの内閣官房報償費については、弁護団の１人・矢吹保博弁護士が最高裁判決前に、同年10月４日に情報公開請求し、12月に開示を受けましたが、そのうち使途に関する文書については、これまで通り全部非開示でした。

最高裁判決が２０１８年１月19日に下されたので、矢吹弁護士は２月22日に改めて２０１２年４月～今２０１８年１月までの内閣官房報償費について情報公開請求し、３月26日に開示決定を受けました（本節は弁護団の谷真介弁護士がまとめたものに上脇が加筆）。

第３節　最高裁判決とその意義

◆最高裁判決の枠組み

私たちの情報公開訴訟の対象になったのは、第１次訴訟では安倍晋三官房長官が２００５～06年に支出した約11億円、第２次訴訟では河村建夫官房長官が２００９年９月前半に支出した２億５千万円、第３次訴訟では菅義偉官房長官が２０１３年の支出した約13億６千万円です。

情報公開法は、公表すれば国の事務遂行に支障が出たり、他国との信頼関係が損なわれたりする情報につき非開示にすることを例外的に認めています。訴訟の争点は、内閣官房報償費の使途に関する文書がこれに当たるかどうかでした。

前述したように、第１次・第２次訴訟で大阪高裁は原告（私ともう１人）の請求の一部を認容し、一部勝訴の判決を下していましたが、第３次訴訟で大阪高裁は原告（私）の請求のほとんどを認容せず、全部敗訴に近い判決を下していました。最高裁第２小法廷（山本庸幸裁判長。以下「最高裁」という）は、２０１７年10月25日に上告受理、不受理を決定しました。より詳しく説明すると、第１次訴訟・第２次訴訟についての国の上告受理申立、第３次訴訟についての原告の上告受理申立を、それぞれ受理しました。

しかし、それ以外（第１次訴訟・第２次訴訟についての原告の受理申立、第３次訴訟についての国の受理申立）については不受理にしました。

最高裁が第３次訴訟で原告（私・上脇）の上告を受理したのは、情報公開法が内閣官房報償費の使途の開示を認めないと解されることで違憲なのか合憲なのかを憲法判断するためではなく、三つの訴訟についての裁判所の判断を統一するために上告を受理したのです。

また最高裁は、第1次訴訟・第2次訴訟で原告（私・上脇と松山さん）の受理申立を受理しませんでしたので、その時点で私たちの全面勝訴はなくなりました。すなわち、内閣官房報償費の支払相手方が記載されている「支払決定書」と「領収書等」については、私たちの敗訴が確定し、全面非開示にすることが確定したのです。残念！

◆最高裁の口頭弁論

そして最高裁は、２０１７年12月22日午後3時に弁論を開くことを決定しました。私は事前に意見書を提出した上で、当日約5分間で簡潔に意見陳述し、原告の弁護団は事前に弁論要旨を提出した上で当日計約20分で簡潔に弁論しました。

私は、事前に最高裁に意見書を提出しました。

意見書

内閣官房報償費（機密費）情報公開及び提訴の動機

並びに別の情報公開及び提訴の結果からの重要な教示

はじめに

私は二つのことを陳述します。一つは、内閣官房報償費の情報公開請求を行い、非開示処分の取消を求めて提訴した動機について、もう一つは、私の別の情報公開及び訴訟提起の結果が教示してくれたことについて、陳述いたします。

1　情報公開と提訴の動機

私が２００６年10月に初めて内閣官房報償費の情報公開請求をしたのは、内閣官房報償費が本来の目的以外のために支出されているとの疑惑が国会でも取り上げられていたからです。２００１年に外務省報償費詐取事件が発覚し、報償費が「組織ぐるみ」で官邸（内閣官房）に「上納」されていたことも判明しました。

この「上納」を裏付けたのは、竹下登内閣（１９８７年11月６日～89年６月３日）から宇野宗佑内閣（１９８９年６月３日～同年８月10日）への内閣官房報償費の引継ぎ文書でした。そしてこの文書に基づき、消費税導入等のために野党の一部を懐柔する目的で報償費が投入されたのではないかと国会で追及がなされました。

その翌２００２年４月には、宮沢喜一内閣（１９９１年11月５日～93年８月９日）の一時期（加藤紘一衆議院議員が官房長官を務めていた１９９１年11月～92年12月）の内閣官房報償費（14カ月分で約１億４３８０万円）の使途の明記された内部文書が国会で取り上げられ、報償費の使途としては相応しくない「国会対策費」等に支出されているのではないかとの追及が行われました。

政治学における「政治とカネ」問題の研究では、「金権民主主義」という表現が使用されています（岩井奉信『「政治資金」の研究』日本経済新聞社・１９９０年27頁以下）。〝カネで民主主義が買われ、左右されている〟とすれば、憲法の想定している健全な議会制民主主義は成立しません。

議会制民主主義がカネで買われないようにするためには、カネの流れをオープンにして主権者国民の監視の下におく必要があります。国民主権の下では行政文書は理論的には主権者国民のものであり、その行政文書について国民は真実を知らなければ、政治に対し適切な判断ができません。議会制民主主義が成立するためには、憲法の保障する抽象的権利である〝知る権利〟を、情報公開法を通じて具体的権利として保障し、実際に政府情報の積極的な開示がなされることが不可欠です。これは情報民主主義と表現できます。

私は、小泉純一郎内閣で安倍晋三官房長官が郵政民営化法案を成立させるために内閣官房報償費を投入したのではないかと憶測して情報開示請求し、2007年5月に大阪地裁に非開示処分の取消しを求めて提訴しました。

2　別の情報公開と提訴の結果からの教示

（1）国が隠すから国民は憶測する

私は、今年、学校法人「森友学園」の小学校設置に関する様々な行政文書について近畿財務局に対し情報公開請求を行いました。

その一部である「小学校設置趣意書」については、当初、「森友学園」の経営上のノウハウが記載されているとして、ほとんど黒塗りされて開示を受けました（7月10日）。私が取消しを求めて提訴した（10月2日）ところ、国は、「森友学園」の管財人が非開示にする必要がないと判断したことを受け、一転して私に開示しました（11月24日）。以上の結果は、私に二つの重要なことを教示していました。

その一つは、情報公開請求者は開示されなければ必ずしも真実とは限らない憶測をしてしまうということです。私は、「森友学園」の小学校の「設置趣意書」には「安倍晋三記念小学院」と記載されているかもしれないと憶測したのですが、開示された「設置趣意書」を見ると、その憶測は当たってはいませんでした（ただし「設置趣意書」は複数作成されているようなので、私は再度情報公開請求しました）。

このことが私に教示した重要なことは、情報が開示されなければ、真実とは異なる憶測をしてしまう場合もあるので、むしろ国は積極的に情報を開示した方が良いということです。

(2) 国は都合の悪いことを隠す

私が教示を受けたもう一つの重大なことは、国は国にとって都合の悪い情報を隠すものであるということです。

全部開示された「小学校設置趣意書」の本文は、とんでもないものでした。まず、国が非開示理由に該当すると判断した「経営上のノウハウ」は一切書かれていませんでした。また、誤字や空白があり、およそ「小学校設置趣意書」の体裁としても不十分なものでした。さらに、書かれていた内容は、極めて特異な教育理念にすぎませんでした。「子ども権利条約・男女共同参画・雇用均等法」などを「日本人の品性をおとしめ世界超一流の教育をわざわざ低下せしめた」と批判し、さらに戦前の「富国強兵的考え」や「教育勅語」（教育ニ関スル勅語）を高く評価する記述になっていました。「森友学園」の幼稚園では、園児に「教育勅語」を素読させていたので、その園児の「受け皿が必要」だとして小学校を設置すると書かれていました。

園児が「教育勅語」を素読すること等に感涙した安倍昭恵首相夫人が名誉校長就任予定でしたから、近畿財務局は、小学校の「設置趣意書」の本文を全部非開示にして隠蔽したとしか考えられません。

終わりに

内閣官房報償費が存在する以上、私は、前述の郵政民営化法案成立のため以外に、（私が情報公開請求した）２０１３年のＴＰＰや特定秘密保護法成立のためにも、与野党の一部の議員ら等に支出されたのではないかと憶測しています。しかし、その憶測が真実とは限りません。

私は、国に都合の悪い情報を隠蔽させないための大きな一歩になるよう、最高裁判所が積極的に情報公開を認容する判決を下していただくことを切望しています。

私の陳述は以上です。

◆判決の画期的な部分と後退した部分

最高裁第二小法廷（山本庸幸裁判長）は、今年（２０１８年）１月19日午後３時、第１次・第２次訴訟の高裁判決よりも後退したとはいえ、それでも私たち原告の請求の一部（それも重要な部分）

表4-2　官房機密費関連文書と司法判断

○…開示　×…不開示

文書	大阪高裁（1次、2次）	大阪高裁（3次）	最高裁
政策推進費受払簿	○	×	○
出納管理簿の一部	○	○（1、2次より狭い範囲）	○
報償費支払明細書	○	×	○（1、2次より狭い範囲）
支払い決定書	×	×	×（不開示が確定）
領収書など	×	×	

出典：2018年1月20日付東京新聞をもとに作成

判決骨子

- 機密費全体の月ごとの支出額、官房長官が自ら管理する「政策推進費」への繰入額を記した部分などの開示を初めて認める。担当裁判官３人全員一致の意見
- 時々の政治情勢や政策課題と照合すれば支払先や具体的使途の特定につながる部分は開示できないと判断
- 開示を認めた部分については支払い相手や具体的使途を相当程度確実に特定することは困難だと判断
- 支払先や額が記された文書などの開示を求めた原告側の上告は受理されず、開示されないことが確定

を認容し、機密費と呼ばれてきた報償費の使途の一部の開示を国に命じるという〝画期的な判決〟を下しました（表4-2を参照。平成28年（行ヒ）第228号、平成28年（行ヒ）第218号、平成29（行ヒ）第46号）。

最高裁判決の画期的な点は、支出の相手方が一切記載されていない「政策推進費受払簿」と「出納管理簿」・「報償費支払明細書」のうち「政策推進費の繰入れに係る記録部分」について、それらが開示されても「内閣が推進しようとしている政策や施策の具体的内容、その支払相手方や具体的使途等を相当程度の確実さにもって特定することは困難である」として開示を命じたことです。

一方、「報償費支払明細書」のうち「調査情報対策費及び活動関係費の各支払決定に係る記録部分」については、それらが開示されれば、「支払決定日や具体的な支払金額が明らかになる」から、「当該

時期の国内外の政治情勢や政策課題、内閣官房における対応するものと推測される重要な出来事、内閣官房長官の行動等の内容いかんによっては、これらに関する情報との照合や分析等を行うことにより、その支払相手方や具体的使途についても相当程度の確実さをもって特定することが可能になる場合がある」として、情報公開法の不開示情報に該当すると判示し、開示を認めませんでした。

要するに、第1次・第2次訴訟で大阪高裁は「政策推進費受払簿」と「報償費支払明細書」につき私たち原告の全面開示の請求を認容し、第3次訴訟では大阪高裁がそれを認容しなかったのですが、最高裁は「政策推進費受払簿」については第1次・第2次訴訟での大阪高裁の判断を維持し、全面開示を命じたものの、「報償費支払明細書」については支払相手方が記載されていないにもかかわらず、かつ「支払相手方や具体的使途」について特定することが可能でない場合があることを暗に認めながら、「相当程度の確実さをもって特定することが可能になる場合がある」として第1次・第2次訴訟の大阪高裁判決よりも後退し、第3次訴訟の大阪高裁と同じ判断を下し、開示を命じなかったのです。

◆最高裁判決の意義

以上のように第1次・第2次の高裁判決よりも後退した判決だったにもかかわらず、最高裁が私たち原告らの一部請求（それも重要な部分）を認容したので、最高裁判決は〝画期的な判決〟として高く評価できます。この点をもう少し説明しておきましょう。

第一に、これまで情報公開請求しても機密費と呼ばれる内閣官房報償費の使途について1枚の文書も開示されてこなかったのですから、一部であれ使途に関する文書が開示されることになるのは、「開かずの扉をこじ開けた」ことになるからです。

第二に、原告らの請求が認容された一部は、決して些細な一部ではなく、重要な一部だからです。「政策推進費受払簿」と「政策推進費の繰入れに係る記録部分」の開示が実際に行われれば、内閣官房長官が毎月請求している報償費計1億円のうち、必ずしも領収書の徴収を要せず官房長官が自ら管理し自らの判断で自由に支出できる「政策推進費」がいくらであることが判明し、その結果として、領収書の徴収がなされている場合が多い「調査情報対策費及び活動関係費」が同様にいくらであることも判明します。

そうなると例えば、毎月1億円の報償費のうち領収書の必要のない「政策推進費」が7千万円～8千万円もある場合と、2千万円～3千万円にすぎない場合とでは「政策推進費」、さらには「内閣官房報償費」全体に対する国民の評価は大きく異なるでしょう。

また、第2次訴訟の対象になった金額は半月で2億5千万円である上に、民主党への政権交代が確実だった時期で報償費の支出がほとんどないはずなので、高額すぎる2億5千万円のうち「政策推進費」がいくらだったのかが判明することは極めて重要です。おそらく重大な政治問題になるでしょう。

だからこそ、最高裁判決は〝真っ暗闇に大きな光を当てた判決〟と高く評価できるのです。

第5章 「政策推進費受払簿」等の開示を受けて

第1節　使途文書の開示と開示文書の分析結果

◆最高裁判決前と面談申し入れ

今年1月19日、第1次・第2次・第3次訴訟について最高裁が内閣官房報償費の使途の公開・不公開について統一的判断を下すことになりましたので、私たちは、事前に（同月11日付で）要請書「高裁判決後の面談の設定について」を、安倍晋三・内閣総理大臣、菅義偉・内閣官房長官および内閣総務官に対し送付しました。その趣旨は次の通りです。

1　本件各訴訟に関し、最高裁において、（一部でも）対象文書の開示が明示された場合、2018（平成30）年1月19日午後3時30分に原告及び代理人らが内閣総務官室を訪れますので、対象文書の開示の手続について協議されたい。

なお、即時開示可能な場合は、即時開示（閲覧及び写しの交付）されたい。

2　同様に、上記時刻・場所において、今後同種の内閣官房報償費の支出関係文書に関する情報公開（なお、貴庁もご承知のとおり、原告ら代理人である矢吹保博弁護士が2017（平成29）年10月4日付けで請求人となって情報公開請求を行っているものもあり、同弁護士も同席します）についての貴庁の対応等について、原告ら及び原告ら代理人と協議されたい。

……（略）……

なお、最高裁判決において原告らが敗訴した場合には本要請は取り下げます。

以上が要請書の趣旨で、同月17日までにその対応の可否を回答するよう明記しました。

同日、内閣官房内閣総務官室の参事官補佐から、私たち原告の代理人の一人である谷真介弁護士に対し電話があり、「当日はどの範囲で開示が認められたのか等の判決内容の検討があるので要請は受けられない」旨の返事がありました。

谷弁護士は、「最高裁判決なので言い渡し後即効力があるし、他の事件でもこういった要請をしたことはある。誰も対応しないなどということは聞いたことがない。開示の範囲等検討するのは良いが、こちらの見解を聞く場として面会してくれないか。何度も上京などできないし、後日と言われても困る」と食い下がってくれたのですが「当日は面会できません」の一点張りだったそうです。

そこで文書での回答を求めたところ、ＦＡＸで「判決後の対応、その他通常業務で多忙のため、恐縮ながら御要請には応じかねます」と極々簡単な回答がありました。

◆最高裁判決直後

前章で紹介したように、今年1月19日最高裁は、支出の相手方が一切記載されていない「政策推進費受払簿」と「出納管理簿」・「報償費支払明細書」のうち、「政策推進費の繰入れに係る記録部分」について開示を命じました。

この判決を受けて、私たち原告及び原告代理人は、判決後に歩いて内閣官房の建物まで移動しました。しかし警備員に止められたため、内閣官房内閣総務官室に電話連絡したものの「対応する者がいない」ということで建物内にも入れませんでした。要請書を警備員に渡そうとするもぐちゃぐちゃにして返されてしまいました。

そこで、同日付けで「内閣官房報償費支出関係文書についての早期開示等の要請書」を大阪の事務所から前記3名に対し郵送しました。その趣旨は次の通りです。

1最高裁判決で不開示決定処分の取消が確定した対象文書について、最高裁判決に従って、速やかに開示されたい。

2開示手続について、速やかに原告側に連絡し、対応を協議されたい。原告側関係者は皆大阪周辺にいるため、協議の場は大阪において設定されたい。

3同種の内閣官房報償費の支出関係文書に関する情報公開（なお、貴庁もご承知のとおり、原告ら代理人である矢吹保博弁護士が2017（平成29）年10月4日付けで請求人となって情報公開請求を行っているものもあり、同弁護士も出席します）についての貴庁の対応等について、速やかに原告側と協議されたい。

そして、1月22日午前中までに連絡するよう明記しました。

菅義偉官房長官は、最高裁判決直後の記者会見で「政府として重く受け止める。内容を十分精査した上で適切に対応したい」と述べました。

◆その後の交渉

1月22日、谷真介弁護士が内閣官房内閣総務官室の参事官補佐に電話連絡をしたところ、「要請は受領しています。官房長官がコメントをしていたように現在検討中です」との回答でした。

同弁護士が「官房長官は判決を重く受けとめて適切に対応すると言っていたので早急にどれくらいのスケジュール感で開示されるのか早く連絡してほしい、当事者から一任されているのでとにかく連絡して欲しい、矢吹弁護士の開示請求部分も同じように開示して欲しい」と伝えたところ、「とにかく検討次第連絡します」との回答だったそうです。

その後も、谷弁護士は何度か連絡しましたが折り返しの連絡はありませんでした。

そして2月1日、ようやく連絡がつき「結論的にはいまだ上に報告して検討中」で矢吹弁護士の情報公開請求分も「検討はしている」との返事だったそうです。また「最高裁判決が出て他からも請求が出ているので……」「どのくらいのスパンで考えているかもなかなかいえない」が「他から出ているものについては期限があり、延長しても60日なので、それが一つの目処になる」と返事したそうです。

谷弁護士は「これだけ10年以上も争って、他に先に開示というのはやめてほしい。こちらに先に開示してほしい」と言ったところ「要望として承ります」との返事でした。

その後も繰り返し粘り強く弁護士は、内閣官房内閣総務官と交渉してくれました。最高裁判決から1カ月が経過しましたが、開示時期についての連絡はありませんでした。マスコミも情報公開しているようで、それよりも早く開示文書を受け取りたいので、その後も何度も連絡し、開示文書を東京まで受け取りに行くとまで告げて交渉したところ、それは困る（マスコミを連れてくるのかと思ったのでしょう）と判断したようで、やっと開示に向けた具体的手続きの交渉に入りました。

そこで私たち原告は、開示文書の受け取りを代理人の谷弁護士に委任し（委任状を書き）、交渉と開示文書の受け取りの手続きをお願いしました。

◆やっと開示

3月16日付で内閣官房内閣総務官から「行政文書開示等決定変更通知書」が谷弁護士のところに3通届きました。

それで分かったことは、開示される文書の枚数です。安倍晋三官房長官時代（2005年10月31日〜06年9月26日まで）が50枚、河村建夫官房長官時代（そのうちの09年9月1日〜同月16日）が4枚、菅義偉官房長官時代（そのうちの13年1月1日〜12月31日）が40枚。計94枚です（表5-1を参照）。「政策推進費の繰入れに係る記録部分」の開示が認められた「出納管理簿」・「報償費支払明細書」は、部分開示なので手間がかかるとしても計52枚しかなく、各1枚も半分程度しか記載がないのです。また、全部開示で墨塗りの手間もかからない「政策推進費受払簿」は42枚しかないのです。100枚足らずの文書の開示決定に2カ月近くの日数も費やしたのはやはり異常です。

森友学園事件では、公文書の廃棄答弁や改ざんが発覚していますが、内閣官房報償費の使途の公

表5-1　開示された使途文書の内訳

	政策推進費受払簿	出納管理簿（調査情報対策費、活動関係費に関する部分を除く）	報償費支払明細書（調査情報対策費、活動関係費に関する部分を除く）	合計枚数
安倍晋三長官分（2005年10月31日～06年9月26日）	26枚	12枚	12枚	50枚
河村建夫長官分（2009年9月1日～同月16日）	2枚	1枚	1枚	4枚
菅義偉長官分（2013年1月1日～12月31日）	14枚	13枚	13枚	40枚
計	42枚	26枚	26枚	94枚

開でも、安倍政権の情報開示に後ろ向きの姿勢がそのまま現れたようです。

そしてやっと、最高裁判決からちょうど2カ月後の同月19日、実際に開示された「政策推進費受払簿」「出納管理簿」「報償費支払明細書」の入った郵便物を受け取り、マスコミが取材する中、代理人らと一緒にそれを開封し、各内容を確認しました。

◆開示使途文書からわかったこと

原告・弁護団は以上の文書を分析しました。その結果としていくつか分かったことがあります。

①政策推進費は，毎回繰入時には「前回繰入時から今回繰入時までの間」に全部支出（政策推進費の金庫からの支出）している。

②1カ月の内閣官房報償費の支出は原則として平均1億円余であるが、そのうち、概ね9割前後が政策推進費（官房長官自らが出納管理し，領収

表5-2　安倍長官分出納一覧（月毎の内閣官房報償費のうち政策推進費の占める割合）

年月	月初での残高	受領額	支払額	政策推進費への支払額	政策推進費以外への支払額	支払額における政策推進費の割合
2005年11月	200,636,353	100,000,000	111,797,764	102,000,000	9,797,764	91.24%
12月	188,838,589	100,000,000	156,910,202	147,000,000	9,910,202	93.68%
2006年1月	131,928,387	100,000,000	125,437,274	112,000,000	13,437,274	89.29%
2月	106,491,113	95,765,000	90,287,841	80,000,000	10,287,841	88.61%
3月	111,968,272	0	99,693,317	87,000,000	12,693,317	87.27%
4月（出納整理期間分）	12,227,955		11,840,431		11,840,431	0.00%
4月	0	200,000,000	85,000,000	85,000,000	0	100.00%
5月	115,000,000	100,000,000	102,269,396	87,000,000	15,269,396	85.07%
6月	112,730,604	100,000,000	158,322,571	143,000,000	15,322,571	90.32%
7月	54,408,033	100,000,000	70,297,649	52,000,000	18,297,649	73.97%
8月	84,110,384	100,000,000	77,000,000	77,000,000	0	100.00%
9月	107,110,384	100,000,000	102,793,619	79,000,000	23,793,619	76.85%
合計		1,095,765,000	1,191,650,064	1,051,000,000	140,650,064	88.20%
一月平均		99,615,000	108,331,824	95,545,455	12,786,369	88.20%

表5-3　河村長官分出納一覧（月毎の内閣官房報償費のうち政策推進費の占める割合）

2009年月日	月初での残高	受領額	支払額	政策推進費への支払額	政策推進費以外への支払額	支払額における政策推進費の割合
9月1日～16日	6,665,083	250,000,000	254,769,025	250,000,000	4,769,025	98.13%

書の要らない費用＝官房長官のポケットに入れるカネ）として使用されている。より具体的に紹介すると、安倍長官時代は平均で88・2％、菅長官時代のうちの2013年は平均で92・34％だった（弁護団作成の表5-2、表5-4を参照）。

③安倍官房長官分は毎回の政策推進費の繰入額，支払額が何千万円単位または何千何百万円単位と、ざっくりした金額となっており、どんぶり勘定で使用していたものと推測される。

④年度替わり（3～4月）や官房長官交代時（安倍長官，河村長官分から明らか）には，

表5-4 菅長官分出納一覧（月毎の内閣官房報償費のうち政策推進費の占める割合）

2013年月	月初での残高	受領額	支払額	政策推進費への支払額	政策推進費以外への支払額	支払額における政策推進費の割合
1月	5,099,667	100,000,000	91,908,434	90,600,000	1,308,434	98.58%
2月	1,319,233	230,211,000	89,325,822	84,700,000	4,625,822	94.82%
3月	154,076,411	0	146,805,035	140,900,000	5,905,035	95.98%
4月（出納整理期間分）	7,271,376		7,096,993		7,096,993	0.00%
4月	0	170,000,000	84,600,000	84,600,000	0	100.00%
5月	85,400,000	130,000,000	81,293,893	70,800,000	10,493,893	87.09%
6月	134,106,107	100,000,000	111,467,036	104,700,000	6,767,036	93.93%
7月	122,639,071	100,000,000	102,738,788	90,600,000	12,138,788	88.18%
8月	119,900,283	100,000,000	93,299,006	84,200,000	9,099,006	90.25%
9月	126,601,277	100,000,000	99,828,778	93,900,000	5,928,778	94.06%
10月	126,772,499	100,000,000	90,932,954	84,300,000	6,632,954	92.71%
11月	135,839,545	100,000,000	105,266,972	91,000,000	14,266,972	86.45%
12月	130,572,573	100,000,000	114,068,432	105,000,000	9,068,432	92.05%
合計		1,330,211,000	1,218,632,143	1,125,300,000	93,332,143	92.34%
一月平均		110,850,917	101,552,679	93,775,000	7,777,679	92.34%

政策推進費の金庫もゼロにして使い切っている。

⑤年度替わりには，出納整理としてたまっていた経費を支出し（4月）、余りは国庫に返納している（ただし金額はわずか＝数十万円）。

⑥河村長官分は衆議院総選挙（2009年8月30日）で政権交代が確実になった直後，2009年9月1日に5千万円×5＝2億5千万円を国庫に請求し、同年9月8日に入金を確認し、直後の同年9月10日には一度に2億5千万円を政策推進費に繰り入れているうえに、さらに6日後の同年9月16日（麻生内閣退陣時）までに全てを使用している（**資料5-1-1**、**5-1-2**、**5-2**、**5-3**を参照）。月平均支出が1億円余であることからすると極めて異常である。政策推進費の占める割合

も98・13％にのぼった（弁護団作成の表5-3を参照）。

これらが分析結果です。

以上のことを踏まえて、原告・弁護団は、後述するように、内閣官房報償費の目的に相応する使途制限と情報公開のあり方について提言を作成しました。

◆第2次安倍政権で約62億円のうち政策推進費は56億円超

２０１２年12月16日施行の衆議院総選挙における小選挙区選挙により不当に過剰代表された自公両党は、同月26日に与党に復帰し、第２次安倍晋三内閣が発足しました（衆議院の小選挙区選挙問題については、上脇博之『ここまできた小選挙区制の弊害』あけび書房・２０１８年を参照）。

その発足から２０１７年末までの５年間に菅義偉官房長官が受領した内閣官房機密費（報償費）は総額約62億５１０５万円で、支出した総額は約61億６８０４万円。そのうち、領収書の必要ではない「政策推進費」の支出総額は56億１３６０万円で、全体の91％でした（提供された表5-5を参照。「機密費　領収書なし56億円　安倍政権の5年」しんぶん赤旗、２０１８年3月30日）。

ところで、２０１２年12月衆議院総選挙で民主党は下野したため、野田佳彦内閣は、総辞職することになりましたが、藤村修官房長官は内閣官房報償費３１００万円を残して辞任したようで、その残額３１００万円は、安倍内閣の菅官房長官が受領していました（提供された資料5-4-1、5-4-2を参照）。

２００９年衆議院総選挙で自民党が敗北し下野する直前に、麻生太郎内閣の河村建夫官房長官は、前述したように原則月１億円なのに半月足らずで２億５千万円も支出し、結果的に、民主党政権で

表5-5 第2次安倍内閣発足以降2017年までの内閣官房報償費、そのうちの政策推進費

年月	月初での残額	受領額	支払い額	政策推進費への支払い額	その他の支払い額	支払い額に占める推進費の割合
2012年12月			50,000,000	50,000,000	0	100.00%
2013年1月	5,099,667	100,000,000	91,908,434	90,600,000	1,308,434	98.58%
2013年2月	1,319,233	230,211,000	89,325,822	84,700,000	4,625,822	94.82%
2013年3月	154,076,411	0	146,805,035	140,900,000	5,905,035	95.98%
2013年出納整理	7,271,376		7,096,993		7,096,993	0.00%
2013年4月	0	170,000,000	84,600,000	84,600,000	0	100.00%
2013年5月	85,400,000	130,000,000	81,293,893	70,800,000	10,493,893	87.09%
2013年6月	134,106,107	100,000,000	111,467,036	104,700,000	6,767,036	93.93%
2013年7月	122,639,071	100,000,000	102,738,788	90,600,000	12,138,788	88.18%
2013年8月	119,900,283	100,000,000	93,299,006	84,200,000	9,099,006	90.25%
2013年9月	126,601,277	100,000,000	99,828,778	93,900,000	5,928,778	94.06%
2013年10月	126,772,499	100,000,000	90,932,954	84,300,000	6,632,954	92.71%
2013年11月	135,839,545	100,000,000	105,266,972	91,000,000	14,266,972	86.45%
2013年12月	130,572,573	100,000,000	114,068,432	105,000,000	9,068,432	92.05%
13年分計		1,330,211,000	1,268,632,143	1,175,300,000	93,332,143	92.64%
2014年1月	116,504,141	100,000,000	102,656,218	93,300,000	9,356,218	90.89%
2014年2月	113,847,923	130,211,000	92,278,744	87,000,000	5,278,744	94.28%
2014年3月	151,780,179	0	140,540,823	128,000,000	12,540,823	91.08%
2014年出納整理	11,239,356	0	11,163,472	0	11,163,472	0.00%
2014年4月	75,884	200,000,000	83,700,000	83,700,000	0	100.00%
2014年5月	116,300,000	100,000,000	99,937,736	91,500,000	8,437,736	91.56%
2014年6月	116,362,264	100,000,000	92,086,903	84,800,000	7,286,903	92.09%
2014年7月	124,275,361	100,000,000	100,791,308	91,500,000	9,291,308	90.78%
2014年8月	123,484,053	100,000,000	96,050,858	84,800,000	11,250,858	88.29%
2014年9月	127,433,195	100,000,000	96,716,291	91,100,000	5,616,291	94.19%
2014年10月	130,716,904	100,000,000	95,907,280	84,600,000	11,307,280	88.21%
2014年11月	134,809,624	100,000,000	106,517,485	93,500,000	13,017,485	87.78%
2014年12月	128,292,139	100,000,000	92,664,737	84,700,000	7,964,737	91.40%
14年分計		1,230,211,000	1,211,011,855	1,098,500,000	112,511,855	90.71%
2015年1月	135,627,402	100,000,000	97,251,975	92,300,000	4,951,975	94.91%
2015年2月	138,375,427	130,211,000	94,327,097	84,800,000	9,527,097	89.90%
2015年3月	174,259,330	0	166,554,235	155,900,000	10,654,235	93.60%
2015年出納整理	7,705,095	0	7,676,193	0	7,676,193	0.00%
2015年4月	28,902	200,000,000	83,700,000	83,700,000	0	100.00%
2015年5月	116,300,000	100,000,000	99,549,913	91,500,000	8,049,913	91.91%
2015年6月	116,750,087	100,000,000	95,858,805	84,900,000	10,958,805	88.57%
2015年7月	120,891,282	100,000,000	104,318,085	91,600,000	12,718,085	87.81%

年月	月初での残額	受領額	支払い額	政策推進費への支払い額	その他の支払い額	支払い額に占める推進費の割合
2015年8月	116,573,197	100,000,000	93,850,704	85,100,000	8,750,704	90.68%
2015年9月	122,722,494	100,000,000	99,907,266	90,900,000	9,007,266	90.98%
2015年10月	122,815,227	100,000,000	94,800,879	84,700,000	10,100,879	89.35%
2015年11月	128,014,348	100,000,000	101,240,410	90,800,000	10,440,410	89.69%
2015年12月	126,773,938	100,000,000	93,793,335	84,400,000	9,393,335	89.99%
15年分計		1,230,211,000	1,232,828,897	1,120,600,000	112,228,897	90.90%
2016年1月	132,980,603	100,000,000	103,148,850	91,900,000	11,248,850	89.09%
2016年2月	129,831,753	130,211,000	94,790,693	85,000,000	9,790,693	89.67%
2016年3月	165,252,060	0	152,918,569	143,300,000	9,618,569	93.71%
2016年出納整理	12,333,491	0	12,302,865	0	12,302,865	0.00%
2016年4月	30,626	200,000,000	83,600,000	83,600,000	0	100.00%
2016年5月	116,400,000	100,000,000	101,179,700	91,100,000	10,079,700	90.04%
2016年6月	115,220,300	100,000,000	92,491,290	84,600,000	7,891,290	91.47%
2016年7月	122,729,010	100,000,000	99,265,989	90,800,000	8,465,989	91.47%
2016年8月	123,463,021	100,000,000	93,288,267	84,300,000	8,988,267	90.37%
2016年9月	130,174,754	100,000,000	98,035,323	90,500,000	7,535,323	92.31%
2016年10月	132,139,431	100,000,000	95,709,349	84,500,000	11,209,349	88.29%
2016年11月	136,430,082	100,000,000	102,954,462	91,000,000	11,954,462	88.39%
2016年12月	133,475,620	100,000,000	94,454,792	84,800,000	9,654,792	89.78%
16年分計		1,230,211,000	1,224,140,149	1,105,400,000	118,740,149	90.30%
2017年1月	139,020,828	100,000,000	102,873,552	92,400,000	10,473,552	89.82%
2017年2月	136,147,276	130,211,000	92,803,993	84,500,000	8,303,993	91.05%
2017年3月	173,554,283	0	163,243,711	152,900,000	10,343,711	93.66%
2017年出納整理	10,310,572	0	10,299,259	0	10,299,259	0.00%
2017年4月	11,313	200,000,000	83,600,000	83,600,000	0	100.00%
2017年5月	116,400,000	100,000,000	103,803,591	90,900,000	12,903,591	87.57%
2017年6月	112,596,409	100,000,000	93,073,851	84,700,000	8,373,851	91.00%
2017年7月	119,522,558	100,000,000	103,082,752	91,000,000	12,082,752	88.28%
2017年8月	116,439,806	100,000,000	94,733,992	84,400,000	10,333,992	89.09%
2017年9月	121,705,814	100,000,000	98,032,376	90,400,000	7,632,376	92.21%
2017年10月	123,673,438	100,000,000	93,560,358	84,300,000	9,260,358	90.10%
2017年11月	130,113,080	100,000,000	98,813,877	90,300,000	8,513,877	91.38%
2017年12月	131,299,203	100,000,000	93,508,573	84,400,000	9,108,573	90.26%
17年分計		1,230,211,000	1,231,429,885	1,113,800,000	117,629,885	90.45%
5年計		6,251,055,000	6,168,042,929	5,613,600,000	554,442,929	91.01%
月平均		104,184,250	102,800,715	93,560,000	9,240,715	91.01%
		民主党使い残し費消	支出総額		政策推進費計	比率
			6,199,042,929	31,000,000	5,644,600,000	91.06%

資料5-1-1

(別記様式2)

政策推進費受払簿

前回残額	32,800,000円
前回から今回までの支払額	32,800,000円
現在残額	0円
今回繰入額	250,000,000円
現在額計	250,000,000円

平成21年9月10日

取扱責任者　内閣官房長官　河村　建夫

確認(事務補助者)　内閣総務官　千代　幹也

資料5-1-2

（別記様式2）

政策推進費受払簿

前回残額	250,000,000円
前回から今回までの支払額	250,000,000円
現在残額	0円
今回繰入額	0円
現在額計	0円

平成21年9月16日

取扱責任者　内閣官房長官　河村　建夫

確認（事務補助者）　内閣総務官　千代　幹也

資料5-2

内閣官房報償費出納管理簿

(単位:円)

年	月	日	摘要(使用目的等)	受領額	支払額	残額	支払相手方等
21	9	8	入金(第13回)	50,000,000	0	56,665,083	
	9	8	入金(第14回)	50,000,000	0	106,665,083	
	9	8	入金(第15回)	50,000,000	0	156,665,083	
	9	8	入金(第16回)	50,000,000	0	206,665,083	
	9	8	入金(第17回)	50,000,000	0	256,665,083	
	9	10	政策推進費	0	250,000,000	6,665,083	
	[redacted]						
			9月分計	250,000,000	254,769,025		
			累　計	850,000,000	848,103,942	1,896,058	確認・内閣官房長官

平成21年9月16日

立会者(事務補助者)　内閣総務官　千代 幹

確認者　内閣事務官　大須賀 聡

資料5-3

報償費支払明細書

平成21年 9月分

前月繰越額	6,665,083 円
本月受入額	250,000,000 円
本月支払額	254,769,025 円
翌月繰越額	1,896,058 円

取扱責任者
内閣官房長官　河村 建夫

支払年月日	支払金額	使用目的	取扱者名	備考
21. 9. 10	円 250,000,000	政策推進費		
[redacted]				
合計	254,769,025			

資料5-4-1

（別記様式2）

政策推進費受払簿

前回残額	85,900,000円
前回から今回までの支払額	54,900,000円
現在残額	31,000,000円
今回繰入額	0円
現在額計	31,000,000円

平成24年12月26日

取扱責任者　内閣官房長官　藤村　修

確認（事務補助者）　内閣総務官　河内　隆

資料5-4-2

(別記様式2)

政策推進費受払簿

前回残額	31,000,000円
前回から今回までの支払額	0円
現在残額	31,000,000円
今回繰入額	50,000,000円
現在額計	81,000,000円

平成24年12月28日

取扱責任者　内閣官房長官　菅　義偉

確認(事務補助者)　内閣総務官　河内　隆

支出されるはずだった内閣官房報償費まで支出していたのですが、2012年に政権復帰したときも民主党政権の分（残額）を支出していたのです。

第2節 内閣官房報償費についての抜本的見直し要求

◆抜本的見直し要求

11年余りの年月を要した裁判と開示文書の分析結果を踏まえれば、領収書の不要な政策推進費が約9割を占める内閣官房報償費が決してその目的の範囲内で支出されてはおらず、国民のために支出していない可能性があると評することができます。

そこで、原告団・弁護団は、菅義偉・官房長官に対し今年3月20日付で「内閣官房報償費の根本的見直し要求書」を送付しました。私たちが要求した見直しは、いずれも立法措置を要せず、官房長官さえその気になれば実行できる措置です。現行の内閣官房報償費の管理に関する定めは、法律でも政令でもなく、官房長官限りで決定している基本方針によっているからです。

原告団・弁護団の第一の要求は「政策推進費の支払い」についての要求です。

①「違法な支出であっても事後的にも何の検証もできない……闇ガネの政策推進費の管理実態を改めないのであれば、直ちに廃止すべきである」ということです。

②仮に存続するならば「内閣官房報償費の執行にあたっての基本的な方針」に、「日本国の国会議員（与野党を問わない）及び公務員（国家公務員及び地方公務員）に対する政策推進費の支払を

廃止する旨の定めをする」ことです。「国会議員や公務員らからの情報収集や政府の政策への合意・協力に対して内閣官房長官がカネを払うことは、情報提供・政府の政策に賛成・協力してもらうための買収に他ならず、場合によっては違法であり、また、民主主義国家ではあってはならないことである」からです。

③「外国人や民間人に対しての政策推進費の支払いは、内閣官房長官の判断で支払いすることまで禁止はしない」が、「民間人であっても、評論家やマスコミ関係者への支払い」は、世論を「誤導」する危険性があるので禁止すべきである。

第二の要求は「政策推進費の支出の情報公開の拡大」です。最高裁判決どおり「政策推進費受払簿」等は公開することに加え、「政策推進費の支出内容については、官房長官が、目的、相手方、金額、支出日を記帳する」ことにし、「秘匿性の程度」によって5年、10年、25年後に、公開を行うこととする旨を前記「基本的な方針」に定める。

第三は「調査情報対策費の部分開示」の要求です。調査情報対策費は「会合費」が大半であり、「秘匿するべき情報入手の直接の相手方」ではなく、いわば間接情報でしかないので、「会合の場所」以外の「日時、金額」については公開する（部分開示）。ただし、「会合費」のマスキング部分及び民間人からの情報収集の「対価」については、5年、10年後に公開する。

第四の要求は「活動関係費」の原則公開です。「交通費」「会合費」「書籍費」「活動経費」「贈答品」「謝礼」「慶弔費」「支払関係費＝銀行振込手数料」は、原則公開する。特別な場合には相手先のマスキングを認めるとしても、3年、5年後には公開する。

内閣官房報償費の根本的見直し要求書

２０１８年３月20日

菅義偉　官房長官殿

内閣官房報償費情報公開請求原告団（上脇博之・松山治幸）
同弁護団（代表阪口徳雄、徳井義幸、谷真介、前川拓郎、矢吹保博、高須賀彦人）

はじめに

私達は10年余かかって、官房長官が支出する内閣官房報償費に関して情報公開請求を行ってきました。本年１月19日に最高裁は政策推進費受払簿等の公開を命じました。この裁判の中で内閣官房報償費は決して国民の為に支出していない可能性があることなども判明しました。その経験から次の通り、貴殿に官房報償費の見直しをするよう要請する次第です。これらの見直しはいずれも立法措置を要せず、官房長官さえその気になれば実行できる措置です。

すなわち、現行の内閣官房報償費の管理に関する規定は、法律でも政令でもなく、官房長官限りで決定している基本方針によっているからです。

１　政策推進費の抜本的見なおし

（1）政策推進費の支払いについて

①現状のような政策推進費の官房長官による支出の管理状況（支払い時期、金額、相手方の記帳がない、領収書も不要）ではいわば闇ガネ化しており、マスコミで報道されているような違法な支出であっても事後的にも何の検証もできない。そこでこのような闇ガネの「政策推進費」の管理実態を改めないのであれば、直ちに廃止すべきである。

②仮に存続するならば「内閣官房報償費の執行にあたっての基本的な方針」に、日本国の国会議員（与野党を問わない）及び公務員（国家公務員及び地方公務員）に対する政策推進費の支払を廃止する旨の定めをする。

政策推進費とは、「施策の円滑かつ効果的な推進のため、官房長官としての高度な政策的判断により、機動的に使用することが必要な経費」として、官房長官自らが相手方に交付する金である。

国会議員・公務員らからの情報の収集や政府の政策推進のための合意に向けての話し合いなどは違法ではなく、その場所として料亭などを利用することもありえる。

しかし、国会議員や公務員らからの情報収集や政府の政策への合意・協力に対して内閣官房長官がカネを払うことは、情報提供・政府の政策に賛成・協力してもらうための買収に他ならず、場合によっては違法であり、また、民主主義国家ではあってはならないことである。

③外国人や民間人に対しての政策推進費の支払いは、内閣官房長官の判断で支払いすることまで禁止はしない。ただ、民間人であっても、評論家やマスコミ関係者への支払いは、世論を「誤

導」する危険性があるので禁止すべきである。

（２）政策推進費の支出の情報公開の拡大について

①政策推進費の支出内容については、官房長官が、目的、相手方、金額、支出日を記帳することにし、『秘匿性の程度』によって5年、10年、25年後に、公開を行うこととする旨を前記「基本的な方針」に定める。

②前項の事後的公開時期は支出対象ごとに、官房長官が5年後、10年後、25年後、に分類する。ただし、官房報償費の情報公開請求があった時には、第三者委員会（外部委員３名程度）が内閣官房長官の上記分類が相当かどうか審査して開示期間を決定する。

③最高裁判決どおり、現在、内閣官房において作成されている「政策推進費受払簿」等は、公開する。

2　調査情報対策費の公開（部分開示の活用）

調査情報対策費とは、「施策の円滑かつ効果的な推進のため、その時々の状況に応じ必要な情報を得るために必要な経費」と言われ、官房長官が指名した事務補助者をして支払させるカネである。

調査情報対策費は「会合費」が大半であり、「秘匿するべき情報入手の直接の相手方」ではなく、いわば間接情報でしかない。会合の場所を明らかにすると、今後二度と同じ場所を使用できない場合又は会合場所の開示により相手方の開示と同等に相手方が推認できる場合などが仮にあるとすれば、受け取った民間業者の氏名、住所をマスキングすれば足りる。日時、金額は公開するという部分開示を行うべきである。

なお、上記「会合費」のマスキング部分及び民間人からの情報収集の「対価」については、前記1（2）と同様の事後開示とする。この期間は5年、10年程度とすべきであり、25年などは「非公開」に等しい。

3　活動関係費の公開（部分開示の活用）

活動関係費とは、「上記1及び2を行うにあたり、これらの活動が円滑に行われ、所期の目的が達成されるよう、これらを支援するために必要な経費」と言われ、現実は、「交通費」「会合費」「書籍費」「活動経費」「贈答品」「謝礼」「慶弔費」「支払関係費＝銀行振込手数料」である。

これらは原則公開する。相手方を公開しても調査情報対策費ほど情報の収集の弊害になるほどではなく、今後二度と同じ方法で情報の収集が不可能となるわけではないからである。ただし、特別な場合があるとすれば相手先をマスキングできる。

なお、このマスキングした部分の事後開示期間は、最大3年、5年程度とすべきである。

以上が原告団・弁護団の要求内容です。前述したように官房長官のやる気さえあれば容易に実行できることです。

◆法律改正も必要

最後に、法律改正の必要性について私見を述べておきましょう。

現行の情報公開法には、「国民主権の理念」および「行政文書の開示を請求する権利」（第１条）は明記されているものの、憲法学の通説が認めている「知る権利」については明記されてはいないので、第一に、地方における先進的な情報公開条例を見習って同法に「知る権利」を明記すべきです。そうすると、非開示情報（第５条）についても、そこで明記されている「おそれ」を削除する、もしくは「具体的おそれ」に改めることにつながることでしょう。「おそれ」だけであれば「抽象的おそれ」でも非開示にされうるからです。

現に最高裁は、例えば支払相手方が明記されていない「報償費支払明細書」について全部開示を認めた第１次・第２次訴訟各高裁判決と異なり、「支払決定日や具体的な支払金額が明らかになることから……当該時期の国内外の政治情勢や政策課題、内閣官房において対応するものと推測される重要な出来事、内閣官房長官の行動等の内容いかんによっては、これらに関する情報と照合や分析等を行うことにより、その支払相手方や具体的使途についても相当程度の確実さをもって特定することが可能になる場合がある」として、前述のように部分開示しか認めなかったのです。すなわち、支払相手方や具体的使途が特定されるわけではなく、支払相手方や具体的使途が特定不可能な場合があることを認めながら、全部開示を認めず、部分開示にとどめたのです。

第二に情報公開訴訟では、裁判所だけが文書等を直接見分する方法により行われる非公開の審理（インカメラ審理）を可能にすべきです（参照、畠基晃「情報公開訴訟とインカメラ審理～情報公開法の現状と課題（3）～」『立法と調査』306号、2010年7月号、90頁以下）。内閣官房報償費の使途に関する文書については、裁判官がそれらを実際に見たら原則開示を命じる判決を下すことでしょう。

また、私が2017年5月、学校法人「森友学園」の「小学校設置趣意書」の情報公開請求をしたところ、同学園の「経営上のノウハウ」が明記されているとの理由で近畿財務局は同年7月に全部非開示に近い部分開示としたものの、その非開示処分の取消しを求めて10月に提訴すると、同学園の管財人が小学校を開設しないので非開示にする必要はないとしたため近畿財務局は11月に全部開示しました。なんと、開示された同設置趣意書には「経営上のノウハウ」は1行も書かれてはいなかったのです。

それどころか、日本国憲法に適合する「子ども権利条約・男女共同参画・雇用均等法」などを「日本人の品性をおとしめ世界超一流の教育をわざわざ低下せしめた」と批判し、さらに戦前の「富国強兵的考え」や「教育勅語」を高く評価する記述になっていて、同学園の塚本幼稚園の園児の「受け皿が必要」と記載されていました。つまり、その内容からすると、「森友学園」が設置しようとした小学校は、実質的には「安倍晋三記念小学院」と表現できると言っても過言でありませんでした。近畿財務局はこのことを知られたくないので、「森友学園」の「小学校設置趣意書」をほとんどマスキングしたのでしょう。

要するに国は明らかに虚偽の理由で非開示したのです。裁判でインカメラ審理が行われるのであれば、近畿財務局も非開示処分することはできなかったでしょう。

あとがき

本書は、税金が原資でありながら、その使途が一切公表されず「官房機密費」と呼ばれた内閣官房報償費がその目的を逸脱して違法または不適切な支出がなされているとの疑惑がある中、その使途の原則開示を求めて裁判まで提起して闘った4183日間の市民運動の成果をまとめたものです。

訴訟における法理論上の闘いの担い手は、少数ながらも精鋭の弁護団（途中参加の若手弁護士を含む）です。阪口徳雄弁護団長を筆頭に、辻公雄弁護士、徳井義幸弁護士、谷真介弁護士、前川拓郎弁護士、矢吹保博弁護士、髙須賀彦人弁護士、杉村元章弁護士の奮闘のお陰で、大きな成果を闘い取ることができました。本書も、その成果を反映しています。厚くお礼申し上げます。ありがとうございました。弁護団の皆さんが裁判における奮闘記を執筆されれば、本書とはまた一味も二味も異なる論調でまとめられるのかもしれません。

内閣官房報償費の情報公開を求める私たちの活動は、弁護士の故・日隅一雄さんの意思を継ぎ情報公開や情報流通の促進に寄与された方を懸賞する活動をしている「日隅一雄情報流通促進基金」から2018年度特別賞を授与されました（6月13日授賞式。徳井弁護士が出席）。大変光栄なことです。私たちの運動の大きな区切りにもなります。

とはいえ、内閣官房報償費を裏金・闇ガネにしない闘いとしての運動は、これで終わりではありません。目的外支出に対しては、見える形で客観的歯止めをかけ、目的外支出という違法・不適切な支出が行いづらい状態を制度的に確保する必要があるからです。第5章で紹介した原告団・弁護団「内閣官房報償費の抜本的見直し要求書」（2018年3月20日）の菅義偉官房長官への送付から約3カ月が経過しましたが、いまだに菅官房長官からは原告団・弁護団に対し何らの応答もありませんし、見直しの公式発表もありません。やはり目的外支出を続けているからなのでしょうか!?

とりわけ気になるのは、立憲主義と民意を蹂躙してきた安倍首相が自民党憲法改正推進本部を通じて憲法9条を中心に日本国憲法の「憲法改正」を目論み、条文化の作業を進めていることです。もし条文化作業が完了し、自民党がそれを了承して国会に改憲の原案を提出したら、国会の発議における議員買収のために、また国会発議が実現したら国民投票における国民買収のために、内閣官房報償費（特に政策推進費）という裏金・闇ガネが投入されるのではないかと危惧されるからです。

国民にそのような危惧を抱かせないためには、そういう買収が行われないように制度上の歯止めをかけるしかありません。主権者・納税者国民の代表機関であり国権の最高機関である国会が、原告団・弁護団の要求通りの抜本的見直しを菅官房長官に迫り実行させる必要があります。そのためにも、理性ある多くの国民の声が必要です。その声を上げてもらうために、本書が一人でも多くの方に読まれ、役に立てばこの上ない喜びです。

ところで、本書は、一般市民向けのブックレットです。ですから、あえて情報公開法の専門的論点についての論述や文献の表記を大幅に省略しています。とりわけ、国が部分開示さえ否定し全部不開示を主張した際の論拠（「独立した一体的な情報」説）とそれに対する私の反論についても、全て紹介を断念しました。ご了解ください。その点を含め法曹・研究者向けとしては、上脇博之「内閣官房報償費（機密費）情報公開訴訟」『神戸学院法学』42巻1号（２０１２年、１７７～２６２頁、横書き1～86頁）がありますので、ご参照ください。

なお、最高裁第二小法廷の山本庸幸裁判長は、最高裁判決の中で、国が全部不開示を主張した際の根拠（「独立した一体的な情報」説）を批判していました（本書では、それも紹介してはいません）。

また、私は、これまで内閣官房報償費とその情報公開訴訟の大阪地裁判決・最高裁判決等については次の小論でも書いてきました。本書は、それらを反映しています。

・上脇博之「政治とカネ連載14　内閣官房機密費の情報公開」（『ねっとわーく京都』２６２号、２０１０年11月、64～66頁）
・上脇博之「政治とカネ連載32　『内閣官房機密費』情報公開訴訟・大阪地裁判決〝開かずの扉〟をこじ開けた『画期的』判決！」（『ねっとわーく京都』２８１号、２０１２年6月、41～43頁）
・上脇博之『告発！政治とカネ～政党助成金20年、腐敗の深層』（かもがわ出版、２０１５年２２７～２３５頁）
・上脇博之「政治とカネ　連載94～99　内閣官房報償費（機密費）情報公開訴訟①～⑥」（『ねっとわーく京都』３４９号～３５４号、２０１８年2月～同年7月）
・上脇博之「安倍政権下の『政治とカネ』問題」（法学館憲法研究所報第18号、２０１８年４月、36～55頁）
・上脇博之「内閣官房報償費（機密費）情報公開裁判～最高裁一部勝訴判決」（『法と民主主義』

２０１８年２・３月号、35～39頁）
・上脇博之「（ロージャーナル）官房機密費情報公開訴訟最高裁判決―開かずの扉をこじ開け、暗闇に光を当てた闘い」（『法学セミナー』７６１号、２０１８年６月３～７頁）。

最後に、ひと言。日本機関紙出版センターの丸尾忠義さんには、２０１０年から書籍の出版で大変お世話になり続けており、本書は同社からの12冊目の単著です。出身地は異なりますが、生まれは同じ１９５８年です（丸尾さんは高校まで私より一学年上です）。今年はともに還暦の年。書籍の作成・出版を通じて日本の民主化のために共に闘ってきた８年間でした。本書は、弁護団の皆さんの奮闘のお陰ですが、丸尾さんの激励のお陰でもあります。ありがとうございました。

２０１８年６月17日

【著者紹介】

上脇　博之（かみわき ひろし）

1958年7月、鹿児島県姶良郡隼人町（現在の霧島市隼人町）生まれ。鹿児島県立加治木高等学校卒業。関西大学法学部卒業。神戸大学大学院法学研究科博士課程後期課程単位取得。日本学術振興会特別研究員（PD）、北九州市立大学法学部講師・助教授・教授を経て、2004年から神戸学院大学大学院実務法学研究科教授、2015年から同大学法学部教授。

専門は憲法学。2000年に博士（法学）号を取得（神戸大学）。

憲法運動、市民運動の分野に参加しながら現在、「政治資金オンブズマン」共同代表、公益財団法人「政治資金センター」理事など。
◆研究書・単著
『政党国家論と憲法学』（信山社、1999年）
『政党助成法の憲法問題』（日本評論社、1999年）
『政党国家論と国民代表論の憲法問題』（日本評論社、2005年）
◆共著
播磨信義・上脇博之・木下智史・脇田吉隆・渡辺洋編著『新どうなっている!?　日本国憲法〔第2版〕〔第3版〕』（法律文化社、2009年、2016年）など。
◆一般向けブックレット（近年のもの）
『どう思う？　地方議員削減』（日本機関紙出版センター、2014年）
『誰も言わない政党助成金の闇』（日本機関紙出版センター、2014年）
『財界主権国家・ニッポン』（日本機関紙出版センター、2014年）
『政治とカネ』（かもがわ出版、2015年）
『追及！ 民主主義の蹂躙者たち』（日本機関紙出版センター、2016年）
『追及！ 安倍自民党・内閣と小池都知事の「政治とカネ」疑惑』（日本機関紙出版センター、2016年）
『日本国憲法の真価と改憲論の正体』（日本機関紙出版センター、2017年）
『ここまできた小選挙区制の弊害』（あけび書房、2018年）など。
◆一般向け共著
坂本修・小沢隆一・上脇博之『国会議員定数削減と私たちの選択』（新日本出版社、2011年）。

内閣官房長官の裏金　機密費の扉をこじ開けた4183日の闘い

2018年7月20日　初版第1刷発行

編著者　上脇博之
発行者　坂手崇保
発行所　日本機関紙出版センター
〒553-0006　大阪市福島区吉野3-2-35
TEL 06-6465-1254　FAX 06-6465-1255
http://kikanshi-book.com/　hon@nike.eonet.ne.jp
本文組版　Third
編集　丸尾忠義
印刷・製本　シナノパブリッシングプレス

ISBN978-4-88900-963-7

万が一、落丁、乱丁本がありましたら、小社あてにお送りください。

送料小社負担にてお取り替えいたします。